本书列入中国科学技术信息研究所学术著作出版计划

2022年版
中国科技期刊引证报告（核心版）
社会科学卷

中国科技核心期刊（中国科技论文统计源期刊）

中国科学技术信息研究所

科学技术文献出版社
SCIENTIFIC AND TECHNICAL DOCUMENTATION PRESS
·北 京·

图书在版编目（CIP）数据

2022年版中国科技期刊引证报告：核心版. 社会科学卷 / 中国科学技术信息研究所编著. —北京：科学技术文献出版社，2022.12

ISBN 978-7-5189-9979-8

Ⅰ. ①2… Ⅱ. ①中… Ⅲ. ①社会科学—科技期刊—期刊索引—中国—2022 Ⅳ. ①Z89：N55

中国版本图书馆 CIP 数据核字（2022）第 241221 号

2022 年版中国科技期刊引证报告（核心版）社会科学卷

策划编辑：张 丹 周国臻 责任编辑：张 丹 邱晓春 责任校对：王瑞瑞 责任出版：张志平

出 版 者 科学技术文献出版社
地　　址 北京市复兴路 15 号 邮编 100038
编 务 部 （010）58882938，58882087（传真）
发 行 部 （010）58882868，58882870（传真）
邮 购 部 （010）58882873
网　　址 www.stdp.com.cn
发 行 者 科学技术文献出版社发行 全国各地新华书店经销
印 刷 者 北京地大彩印有限公司
版　　次 2022 年 12 月第 1 版 2022 年 12 月第 1 次印刷
开　　本 787×1092 1/16
字　　数 203 千
印　　张 9
书　　号 ISBN 978-7-5189-9979-8
定　　价 100.00 元

2022年版中国科技期刊引证报告（核心版）

社会科学卷

本书受国家科技统计专项工作“中国科技论文统计”资助。

通信地址：北京市海淀区复兴路15号　100038

中国科学技术信息研究所　科学计量与评价研究中心

网　　址：www.istic.ac.cn

电　　话：010-58882027，58882537，58882539，58882552

传　　真：010-58882028

电子信箱：cstpcd@istic.ac.cn

2022年版中国科技期刊引证报告（核心版）

前 言

1987 年，中国科学技术信息研究所（ISTIC，原中国科学技术情报研究所）受科技部（原国家科委）的委托，开始对中国科技人员在国内外发表论文的数量和被引用情况进行统计分析，并利用统计数据建立了《中国科技论文与引文数据库》（CSTPCD）。这项工作开展后受到了社会各界的普遍重视和广泛好评，多年以来积累了大量的宝贵数据，为科技部等各级管理部门、高等院校、科研机构、期刊编辑部和科研工作者提供了各类论文统计基础数据和期刊评估指标。

《中国科技期刊引证报告》（CJCR）的研制出版始于 1997 年，是一种专门用于期刊引用分析研究的重要检索评价工具。利用 CJCR 所提供的统计数据，可以清楚地了解期刊引用和被引用的情况，以及进行引用效率、引用网络、期刊自引等统计分析。同时，利用 CJCR 中的期刊评价指标，还可以方便地定量评价期刊的相互影响和相互作用，正确评估某种期刊在科学交流体系中的作用和地位。自 CJCR 问世以来，在开展科研管理和科学评价期刊方面一直发挥着巨大的作用。

为了满足我国期刊评价工作和各级研究成果管理工作的实际需求，从 2015 年开始，《中国科技论文与引文数据库》覆盖的范围扩展到社会科学领域，CJCR 评价和收录的期刊也扩展到社会科学领域，形成了覆盖自然科学技术和社会科学领域全部研究学科的全面的期刊评价体系。从 2016 年开始，独立出版《中国科技期刊引证报告（核心版）社会科学卷》，覆盖社会科学 40 个学科类别。交叉学科和跨学科期刊复分到 2 个或 3 个学科分类。

《2022 年版中国科技期刊引证报告（核心版）社会科学卷》共收录 397 种期刊，是在严格的定量评价和定性分析基础上选取的各学科的重要科技期刊。其上刊发的论文被收录进入中国科技论文与引文数据库（CSTPCD），即中国科学技术信息研究所每年进行中国科技论文统计与分析的数据库。该数据库的统计结果编入国家统计局和科技部编制的《中国科技统计年鉴》，统计结果被科技管理部门和学术界广泛应用。

中国科学技术信息研究所在与国际评价机制接轨的同时，充分利用长期积累的科技论文和期刊评价工作经验和丰富数据，选择了总被引频次、影响因子等重要的期刊科学计量指标进行统计和分析，同时注意结合中国科技期刊发展的实际情况，创新了基金论文比、地区分布数、机构分布数、核心他引率、离均差率等多种期刊评价指标。《2022 年版中国科技期刊引证报告（核心版）社会科学卷》中使用了 25 项科学计量指标，与自然科学卷完全相同，并发布 80 个插图。

在《2022 年版中国科技期刊引证报告（核心版）社会科学卷》的编写过程中，尽管力求严格规范、细致精确，但难免会存在考虑不周或一些错误和疏漏，诚挚期望广大读者不吝赐教，批评指正。

中国科学技术信息研究所

2022 年 12 月

2021 年社会科学领域中国科技核心期刊（中国科技论文统计源期刊）*主要计量指标分布情况

指标名称	平均值	统计数字
核心总被引频次	901 次/刊	≥2000 次的期刊共有 38 种，≥10000 次的期刊共有 1 种
核心影响因子	0.958	≥1.000 的期刊共有 131 种，≥2.000 的期刊共有 33 种
核心即年指标	0.223	≥0.100 的期刊共有 263 种，≥0.500 的期刊共有 41 种
基金论文比	0.63	≥0.80 的期刊共有 77 种
海外论文比	0.02	≥0.20 的期刊共有 0 种
核心他引率	0.84	≥0.95 的期刊共有 86 种
平均作者数	1.9 人/篇	≥4 人/篇的期刊共有 3 种
平均引文数	35.0 条/篇	≥20 条/篇的期刊共有 340 种，≥50 条/篇的期刊共有 56 种
综合评价总分	42.6 分	≥50 分的期刊共有 118 种

*社会科学领域中国科技核心期刊（中国科技论文统计源期刊）包括 397 种期刊。

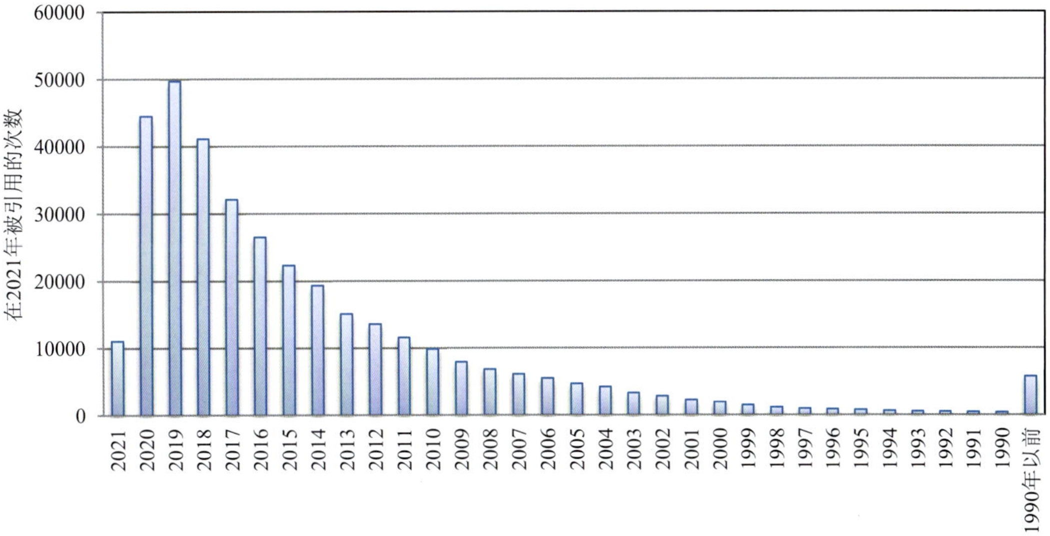

2021 年被引用的社会科学领域“中国科技核心期刊（中国科技论文统计源期刊）”论文的发表时间分布图

说明：图中被引用次数统计来源为《2021 年度中国科技论文与引文数据库》（CSTPCD 2021）。柱状图示分别表示“中国科技核心期刊（中国科技论文统计源期刊）”各年度发表的论文在 2021 年被引用的次数。

目　录

1 编制说明

《2022 年版中国科技期刊引证报告（核心版）社会科学卷》以《中国科技论文与引文数据库》（CSTPCD）为基础，采用科学客观的研究方法与评价方式，遴选中国社会科学领域各学科分类的重要期刊作为统计来源期刊。《2022 年版中国科技期刊引证报告（核心版）社会科学卷》收录了在中国（不含港澳台地区）正式出版的 397 种社会科学领域的“中国科技核心期刊（中国科技论文统计源期刊）”。

1.1 总体设计说明

《2022 年版中国科技期刊引证报告（核心版）社会科学卷》包括 4 个主要部分：

（1）期刊指标总表：期刊被引用指标和期刊来源指标；

（2）各学科期刊指标：各学科期刊整体情况和期刊在学科内相对位置的主要指标和图表；

（3）期刊综合评价指标：综合评价总分、核心影响因子和核心总被引频次的总排名；

（4）中国科技核心期刊（中国科技论文统计源期刊）名录和变更情况。

这 4 个部分独立成系统，又互相联系，构成《2022 年版中国科技期刊引证报告（核心版）社会科学卷》的综合评价指标体系，从各个角度对期刊进行统计描述和分析评价。根据这些数据，读者可以对期刊的学术水平、学科地位、编辑状况、交流范围，以及读者满意程度有一个客观、概括的了解。在内容组织和编排上，设计了多角度、多层次查询和评价期刊的丰富功能，图文并茂，可以满足读者在多样化的评估、管理和研究工作中的不同需求。

1.2 各类统计表格的编排

《2022 年版中国科技期刊引证报告（核心版）社会科学卷》采用了多种形式的排序格式，包括全部期刊名称字顺排序、学科内期刊名称排序、全部期刊综合评价总分排序和来源期刊总目录等，帮助读者综合全面地评价分析期刊，迅速有效地检索出所需要的期刊统计信息。

（1）期刊被引用计量指标和来源指标是本报告的主体部分，分为 2 个主表：

·“表 4-1　2021 年社会科学领域中国科技核心期刊被引用指标刊名字顺索引”包含中文期刊被引用方面的 9 项指标数据。全表按照期刊名称汉语拼音字顺排列。

·“表 4-2　2021 年社会科学领域中国科技核心期刊来源指标刊名字顺索引”包含中文期刊来源文献方面的 10 项指标数据。全表按照期刊名称汉语拼音字顺排列。

（2）各学科分类期刊计量指标情况是本报告的另一个重要组成部分，包括 1 个学科分类主表，40 个分类学科的数据分表及总被引频次、影响因子和互引图，其编排格式和指标如下：

·2021 年各学科分类期刊整体情况——各学科期刊数量、核心总被引频次平均值和中值，以及核心影响因子的平均值和中值。用于了解由于学科差异所导致的各学科指标差异的整体情况。

·各学科分类期刊核心总被引频次和核心影响因子离均差率的分布散点图——根据各学科分类中，核心期刊总被引频次和核心影响因子数值相对于学科平均水平的距离，分别计算每个期刊核心总被引频次和核心影响因子的“离均差率”，并分别作为横坐标和纵坐标位置绘制各学科的核心总被引频次和核心影响因子离均差率的分布散点图。通过核心总被引频次和核心影响因子离均差率的分布散点图，可以了解整个学科期刊的指标分布情况和期刊绝对影响能力（核心总被引频次方面）和相对影响效率（核心影响因子方面）的平衡程度。

·各学科分类期刊基于互引网络的互引关系示意图——根据各学科中所收录的期刊相互引用次数的统计数据，计算期刊之间的相似性距离的归一化矩阵，并利用 Pajek 绘图软件，以图形方式显示学科内不同期刊之间的引用强度和相似性。图中每个节点代表一个期刊，节点面积大小表示期刊被引用次数的多少，节点之间的连线粗细程度表示期刊引用关系相似程度。为了使图示更加清晰，节点之间联系较弱的连线没有显示。通过互引网络的互引关系示意图，可以清晰地看到学科内期刊相互之间的联系与聚合状态。

·各学科分类期刊主要指标与排名——分别列出按各学科分类中，按期刊名称排序的 40 个数据分表，分表列出了各学科期刊的核心总被引频次和核心影响因子的数值与在学科内的排位，以及核心总被引频次和核心影响因子的离均差率。同时还排出了各期刊的综合评价总分和在学科中的排名，便于读者评价和查询期刊。

（3）综合评价总分排名表——将期刊按综合评价总分排序，并列出了各期刊核心影响因子和核心总被引频次的数值及在全部期刊中的排名，可以大致了解期刊学术质量和影响在全国范围内所处的综合排名。被引用计量指标显示期刊被读者使用和重视的程度，以及在科学交流中的地位和作用，是评价期刊影响的重要依据和客观标准。综合评价总分是对期刊整体状况的一个综合描述。根据中国科学技术信息研究所研制的中国科技期刊综合评价指标体系，计算多项科学计量指标，采用层次分析法确定重要指标的权重，分学科对每种期刊进行综合评定，计算出每个期刊的综合评价总分。

（4）刊名目录和变更情况——“2021 年社会科学领域中国科技核心期刊目录”包括期刊编码（CODE）、刊名、期刊的学科分类和主编姓名，按期刊名称排序。还列出与上一年度引证报告相比，期刊收录范围变化情况和刊名变化的情况。期刊改名后，按新刊名计算被引用指标；原刊名被引用数据计入新刊名的统计指标中。

1.3 期刊评价指标

为了全面、准确、公正、客观地评价和利用期刊，《2022 年版中国科技期刊引证报告（核心版）社会科学卷》借鉴国际通用评价体系，并在此基础上，结合我国期刊的实际情况，设计计算了25项学术计量指标，基本涵盖和描述了期刊的各个方面。计算各项指标的数据范围仅为正式刊期中的数据，“增刊”等正刊以外的数据未予以计入。这些指标包括：

（1）期刊被引用计量指标

核心总被引频次、核心影响因子、核心即年指标、核心他引率、核心引用刊数、核心开放因子、核心扩散因子、核心权威因子和核心被引半衰期。

（2）期刊来源计量指标

来源文献量、文献选出率、AR论文量、平均引文数、平均作者数、地区分布数、机构分布数、海外论文比、基金论文比和引用半衰期。

（3）学科分类内期刊计量指标

综合评价总分、学科扩散指标、学科影响指标、红点指标、核心总被引频次（数值、排名与离均差率）和核心影响因子（数值、排名与离均差率）。

此外，报告还分别计算了期刊综合评价总分、核心总被引频次和核心影响因子在其所在学科分类内和全部自然科学领域“中国科技核心期刊（中国科技论文统计源期刊）”中的排名。

《2022年版中国科技期刊引证报告（核心版）社会科学卷》引用部分指标是采用《中国科技论文引文数据库》（CSTPCD）2516种自然科学和社会科学期刊作为统计源，而《2022年版中国科技期刊引证报告（扩刊版）》是采用6000多种期刊作为数据源，因此“影响因子”等引用部分指标数值会有所不同。为了方便读者使用，《中国科技期刊引证报告（核心版）社会科学卷》以“核心影响因子”和“核心总被引频次”等名称来替代以前出版的“核心版”报告中相应的“影响因子”和“总被引频次”等指标，与“扩刊版”报告中的“扩展影响因子”和“扩展总被引频次”等指标加以区别。

1.4 期刊的学科分类

学科是随着科学技术的发展而不断融合、衍生和变化的。一些交叉领域的期刊，刊载内容是跨学科的科研成果。《2022年版中国科技期刊引证报告（核心版）社会科学卷》根据每个期刊刊载论文的主要分布领域，将覆盖多学科和跨学科内容的期刊复分归入2个或3个学科分类。依据《学科分类与代码》（GB/T 13745—2009）和《中国图书资料分类法（第四版）》的学科分类原则，同时考虑到我国科技期刊的实际分布情况，《2022年版中国科技期刊引证报告（核心版）社会科学卷》将来源期刊分别归类到40个学科类别（表1-1）。

表 1-1　学科分类

领域	学科分类		
社会科学综合	·社会科学综合	·社会科学综合大学学报	·社会科学师范大学学报
人文艺术	·马克思主义 ·哲学 ·宗教学 ·语言学综合	·外国语言学 ·中国文学 ·外国文学 ·艺术学	·历史学 ·考古学
经济政治	·经济学综合 ·经济大学学报 ·国民经济学、管理经济学、数量经济学 ·会计学、审计学 ·生态农业经济学 ·工商业经济学	·财政学、金融学、保险学 ·政治学综合 ·政治大学学报 ·行政学 ·国际政治学、外交学 ·法学综合	·部门法学、刑事侦查学、司法鉴定学 ·军事学 ·社会学综合 ·人口学、劳动科学 ·民族学与文化学
传播教育	·新闻学与传播学 ·图书馆学、文献学 ·情报学 ·档案学、博物馆学	·教育学综合 ·学前教育学、普通教育学 ·高等教育学	·成人教育学、职业技术教育学 ·体育科学
统计	·统计学		

2　使用说明

《中国科技期刊引证报告》是用于中国科技期刊分析与评价的科学计量工具。报告可用于定量分析和科学评价期刊的学术特征和学科地位，较为客观地反映期刊发展的趋势和规律，为科研管理和决策提供依据。因此，本报告在期刊分析评价和科学计量学研究与应用等方面具有其他检索评价工具无法取代的独特功能。正确使用和充分开发本报告，可以使其成为科研工作者、期刊编辑（部）、图书情报人员、科研管理人员和科学计量学家的得力助手和有效工具。

2.1　主要功能

《中国科技期刊引证报告》应用引文分析方法及各种量化指标，可以清楚地表明：

· 某一学科领域内，哪些期刊学术影响力较大；

· 某一学科领域内，期刊之间指标分布情况和互引关系分布情况如何；

· 某一种期刊被引用了多少次；

· 某一种期刊出版后多久被引用；

· 某一种期刊引用其他期刊多少次；

· 某一种期刊的各项学术指标在学科中所处的位置。

根据使用者的工作性质，本报告可以给使用者不同的有益提示。例如：

· 帮助科研人员发表论文时，选择相关领域最适合的期刊，提高论文的知名度和影响力；

· 帮助期刊编辑与同类刊物相比较并评估自刊的地位，从而确定编辑和出版策略；

· 帮助科研管理人员科学地评价管理期刊，为开展期刊评比和择优资助提供决策依据；

· 帮助图书情报人员更有效地管理馆藏期刊文献，合理运用有限的预算订购重要期刊；

· 帮助科学计量学家开展相关的期刊评价与分析研究，以及进行学科的科学评估。

2.2　查阅方法

2.2.1　查询期刊指标

报告的第 4 部分包括 2 个表格：“表 4-1　2021 年社会科学领域中国科技核心期刊被引用指标刊名字顺索引”“表 4-2　2021 年社会科学领域中国科技核心期刊来源指标刊名字顺索引”。这 2 个表格分别按照期刊名称汉语拼音字顺排列，分列出了期刊的多项科学计量指标。

2.2.2 期刊在学科领域内学术指标位置

如果读者希望了解某一个期刊在其所属学科领域中的位置，可查询“表 8-1　2021 年中国科技核心期刊目录（社会科学）”找到该刊所在的分类。再到“表 5-1　2021 年各学科分类期刊数量、核心总被引频次和核心影响因子（社会科学）”中检索到这一分类的具体位置，也就是在第 6 部分中相应的表格。在第 6 部分各学科分类的插图和数据表中，可以进一步查阅在期刊核心总被引频次和核心影响因子的分类排序，以及综合评价总分的数值，还可以对照各学科平均总被引频次和平均影响因子，以及离均差率分布图，了解期刊在学科中的具体位置和期刊的互引关系。在使用时需要考虑指标分布的整体情况及其由于学科不同所造成的指标差异。

2.2.3 期刊在所有期刊中的学术指标位置

根据查询所得的期刊综合评价指标，可以在“表 7-1　2021 年中国科技核心期刊综合评价总分排名（社会科学）”中检索出该期刊在全部期刊中的学术指标位置。同时还可以检索出中国科技核心期刊的核心总被引频次总排名和核心影响因子总排名及各期刊在全部期刊中的排名。

2.3 评价方法

利用《2022 年版中国科技期刊引证报告（核心版）社会科学卷》评价期刊有两种方式，即单一指标评价和综合指标评价。具体方法分述如下。

2.3.1 单一指标评价

单一指标评价主要是指按照影响因子和总被引频次这两个国际通行评价指标，对期刊进行评价。这时可通过期刊的核心影响因子排序表和核心总被引频次排序表确定该期刊在同类期刊中所处的位置，从而对该期刊的学术影响力和学科地位进行评价和评估。还可以通过核心影响因子总排序表和核心总被引频次总排序表在不同学科领域中进行横向比较，确定该期刊的位置。单一指标评价也可以通过期刊来源指标刊名字顺索引表对期刊的编辑状况、交流范围、论文质量和老化速率等进行统计、分析、比较和评估。

2.3.2 综合指标评价

由于期刊评价工作是一项非常复杂的工作，涉及领域广，学科差异大，因此单一指标往往难以全面、准确地评价期刊的学术水平和学科地位，这时一般需要通过综合指标评价，以使期刊评价更加客观、全面和准确。要进行期刊的综合指标评价，首先需要建立期刊综合评价指标体系，利用数学方法确定各指标的权重值，然后求出综合指标排序值，最终得到期刊指标的综合排序。

这种期刊评价方法已被广泛地推广和使用，1999 年中国科学技术信息研究所在国内首先提出了中国科技期刊综合评价指标体系。根据这一指标体系，计算得出的综合评价总分，即是一种综合评价的结果。

3 名词解释

核心总被引频次：期刊自创刊以来所登载的全部论文在统计当年被引用的总次数，可以显示该期刊被使用和受重视的程度，以及在科学交流中的绝对影响力的大小。

核心影响因子：期刊评价前两年发表论文的篇均被引用的次数，用于测度期刊学术影响力。

$$核心影响因子=\frac{该期刊前两年发表论文在统计当年被引用的总次数}{该期刊前两年发表论文总数}$$

核心即年指标：期刊当年发表的论文在当年被引用的情况，表征期刊即时反应速率的指标。

$$核心即年指标=\frac{该期刊当年发表论文的被引用次数}{该期刊当年发表论文总数}$$

核心他引率：期刊总被引频次中，被其他期刊引用次数所占的比例，测度期刊学术传播能力。

$$核心他引率=\frac{被其他期刊引用的次数}{期刊被引用的总次数}$$

核心引用刊数：引用被评价期刊的期刊数，反映被评价期刊被使用的范围。

核心开放因子：期刊被引用次数的一半所分布的最小施引期刊数量，体现学术影响的集中度。

核心扩散因子：期刊当年每被引 100 次所涉及的期刊数，测度期刊学术传播范围。

$$核心扩散因子=\frac{总被引频次涉及的期刊数\times 100}{总被引频次}$$

学科扩散指标：在统计源期刊范围内，引用该期刊的期刊数与其所在学科全部期刊数之比。

$$学科扩散指标=\frac{引用期刊数}{所在学科期刊数}$$

学科影响指标：指期刊所在学科内，引用该期刊的期刊数占全部期刊数量的比例。

$$学科影响指标=\frac{所在学科内引用被评价期刊的数量}{所在学科期刊数}$$

核心权威因子：指利用 PageRank 算法计算出来的来源期刊在统计当年的 PageRank 值。与其他单纯计算被引次数的指标不同的是，权威因子考虑了不同引用之间的重要性区别，重要的引用被赋予更高的权值，因此能更好地反映期刊的权威性。

核心被引半衰期：指该期刊在统计当年被引用的全部次数中，较新一半是在多长一段时间内发表的。被引半衰期是测度期刊老化速度的一种指标，通常不是针对个别文献或某一组文献，而是对某一学科或专业领域的文献的总和而言。

来源文献量：指符合统计来源论文选取原则的文献的数量。在期刊发表的全部内容中，只有报道科学发现和技术创新成果的学术技术类文献用于中国科技论文统计工作的数据来源。

文献选出率：指来源文献量与期刊全年发表的所有文献总量之比，用于反映期刊发表内容中，报道学术技术类成果的比例。

AR 论文量：指期刊所发表的文献中，文献类型为学术性论文（Article）和综述评论性论文（Review）的论文数量，用于反映期刊发表的内容中学术性成果的数量。

平均引文数：指来源期刊每一篇论文平均引用的参考文献数。论文所引用的全部参考文献数是衡量该期刊科学交流程度和吸收外部信息能力的一个指标。

平均作者数：指来源期刊每一篇论文平均拥有的作者数，是衡量该期刊科学生产能力的一个指标。

地区分布数：指来源期刊登载论文所涉及的地区数，按全国 31 个省（自治区、直辖市）计（不含港澳台地区）。这是衡量期刊论文覆盖面和全国影响力大小的一个指标。

机构分布数：指来源期刊论文的作者所涉及的机构数。这是衡量期刊科学生产能力的另一个指标。

海外论文比：指来源期刊中，海外作者发表论文占全部论文的比例。这是衡量期刊国际交流程度的一个指标。

基金论文比：指来源期刊中，国家、省部级以上及其他各类重要基金资助的论文占全部论文的比例。这是衡量期刊论文学术质量的重要指标。

引用半衰期：指该期刊引用的全部参考文献中，较新一半是在多长一段时间内发表的。通过这个指标可以反映出作者利用文献的新颖度。

离均差率：指期刊的某项指标与其所在学科的平均值之间的差距与平均值的比例。通过这项指标可以反映期刊的单项指标在学科内的相对位置。

$$\text{某项指标的离均差率} = \frac{\text{被评价期刊的指标} - \text{所在学科内该项指标的平均值}}{\text{所在学科内该项指标的平均值}}$$

红点指标：指该期刊发表的论文中，关键词与其所在学科排名前 1%的高频关键词重合的论文所占的比例。通过这个指标可以反映出期刊论文与学科研究热点的重合度。

综合评价总分：根据中国科技期刊综合评价指标体系，计算多项科学计量指标，采用层次分析法确定重要指标的权重，分学科对每种期刊进行综合评定，计算出每个期刊的综合评价总分。

综合评价总分是根据科学计量学原理，系统性地综合考虑被评价期刊的各影响力指标（核心总被引频次、核心影响因子、核心他引率、基金论文比、平均引文数等）在其所在学科中的相对位置，并按照一定的权重系数将这些指标进行综合集成。

具体的算法如下：

$$\text{综合评价总分} = \sum_{i=1}^{n} \mu_i k_i$$

其中，μ_i 为各指标的权重系数，k_i 为影响力指标的相对位置的得分。k_i 的计算公式如下：

$$k_i = \frac{x - x_{\min}}{x_{\max} - x_{\min}}$$

其中，x 为影响力指标的得分，如对于总被引频次指标来说就是该期刊的总被引频次。$x_{\max}$ 为该期刊所在学科的影响力指标的最大值，如对于总被引频次指标来说就是该期刊所在学科期刊的总被引频次的最大值。$x_{\min}$ 为该期刊所在学科的影响力指标的最小值，如对于总被引频次指标来说就是该期刊所在学科期刊的总被引频次的最小值。

各影响力指标对期刊的作用不是同等重要的。因此，不同的指标被赋予了不同的权重系数 μ，权重系数是采用专家打分和层次分析法确定的。在《2021 年版中国科技期刊引证报告（核心版）社会科学卷》中，权重系数总和为 100，即综合评价总分在 0~100。数值越大，说明该期刊的综合学术质量和影响力越高。

根据综合评价指标体系的设计原理，综合评价总分已经屏蔽了各学科之间总体指标背景值的差异，可以进行跨学科比较。

中国科学技术信息研究所每年定期出版《中国科技期刊引证报告》，公布《中国科技论文引文数据库》（CSTPCD）收录的中国科技论文统计源期刊的多项科学计量指标。从 1999 年开始，中国科学技术信息研究所就开始以这些指标为基础，研制发布了“中国科技期刊综合评价指标体系”，采用层次分析法，由专家打分确定了重要指标的权重，并分学科对每种期刊进行了综合评定。从2015年开始扩展为包括自然科学领域和社会科学领域的全学科期刊评价体系，形成了目前这一套日臻完善的学术期刊评价工具。

4 2021 年社会科学领域中国科技核心期刊指标

4.1 期刊被引用指标刊名字顺排序

表 4-1 2021 年社会科学领域中国科技核心期刊被引用指标刊名字顺索引

CODE	刊名	核心总被引频次	核心影响因子	核心即年指标	核心他引率	核心引用刊数	核心开放因子	核心扩散因子	核心权威因子	核心被引半衰期
S929	北京大学学报哲学社会科学版	909	0.670	0.111	0.98	331	66	36.41	130.02	13.6
S153	北京电影学院学报	167	0.179	0.069	0.81	33	3	19.76	36.73	3.8
S148	北京工业大学学报社会科学版	388	1.208	1.524	0.91	210	45	54.12	41.94	2.2
S930	北京师范大学学报社会科学版	693	0.626	0.088	0.98	299	48	43.15	89.77	7.9
S877	北京体育大学学报	1254	0.727	0.208	0.80	191	6	15.23	128.66	5.5
S156	北京行政学院学报	351	0.559	0.110	0.97	183	39	52.14	41.42	5.3
S695	比较教育学报	196	0.301	0.123	0.72	59	5	30.10	29.02	4.2
S666	比较教育研究	769	0.649	0.089	0.80	118	7	15.34	111.68	5.6
A570	编辑学报	1275	1.383	0.575	0.57	107	2	8.39	104.91	3.5
S731	财经科学	1110	1.709	0.347	0.97	268	40	24.14	115.70	3.8
S647	财经理论与实践	563	0.823	0.232	0.88	195	29	34.64	58.55	3.6
S147	财经论丛	592	0.850	0.116	0.95	193	35	32.60	62.46	3.9
S732	财经问题研究	983	0.846	0.215	0.95	275	44	27.98	104.70	4.2
S733	财经研究	2525	2.796	0.519	0.96	300	41	11.88	270.18	4.7
S734	财贸经济	3027	3.734	0.667	0.96	284	36	9.38	327.77	4.5
S735	财政研究	1474	2.264	0.243	0.86	239	25	16.21	162.12	4.1
S159	产业经济研究	1009	2.728	0.600	0.88	208	26	20.61	104.54	4.2
S736	城市发展研究	2549	1.218	0.185	0.90	395	18	15.50	236.61	5.0
S737	城市问题	1280	1.132	0.024	0.92	309	27	24.14	121.25	5.0
S443	重庆大学学报社会科学版	622	1.164	0.529	0.91	284	58	45.66	68.83	2.7
S892	大学图书馆学报	749	1.418	0.347	0.82	76	4	10.15	71.60	4.4
S738	当代财经	1104	1.361	0.215	0.81	231	23	20.92	118.62	4.0
S160	当代电影	587	0.213	0.064	0.68	67	2	11.41	129.62	5.6
S739	当代经济科学	647	1.471	0.516	0.93	211	39	32.61	67.41	4.6
S740	当代经济研究	459	0.630	0.277	0.88	184	32	40.09	51.02	4.1
S161	当代青年研究	206	0.261	0.056	0.83	87	8	42.23	26.97	5.1
S162	当代外国文学	70	0.054	0.011	0.67	28	4	40.00	16.89	6.0
S164	当代亚太	238	1.217	0.367	0.79	63	3	26.47	32.37	5.5
S165	当代语言学	266	0.492	0.094	0.88	51	6	19.17	59.73	12.5
S166	当代作家评论	241	0.073	0.024	0.78	45	4	18.67	53.99	14.6
S167	党的文献	200	0.176	0.017	0.93	88	13	44.00	27.31	10.1
S608	档案学通讯	607	1.063	0.230	0.71	55	2	9.06	66.82	4.0
S609	档案学研究	597	0.967	0.184	0.62	70	2	11.73	64.33	3.6
S169	电影艺术	478	0.316	0.219	0.86	55	3	11.51	108.81	11.6
S170	东北大学学报社会科学版	280	0.601	0.128	0.95	186	53	66.43	32.27	3.6

表 4-1　2021 年社会科学领域中国科技核心期刊被引用指标刊名字顺索引（续）

CODE	刊名	核心总被引频次	核心影响因子	核心即年指标	核心他引率	核心引用刊数	核心开放因子	核心扩散因子	核心权威因子	核心被引半衰期
S171	东北亚论坛	233	0.971	0.426	0.76	95	10	40.77	27.62	2.8
S172	东南大学学报哲学社会科学版	289	0.536	0.178	0.98	184	50	63.67	34.19	4.1
S173	东南文化	371	0.318	0.093	0.57	88	3	23.72	57.34	9.6
S174	东南学术	442	0.482	0.164	0.95	229	52	51.81	53.90	3.9
S175	敦煌学辑刊	173	0.068	0.000	0.69	42	2	24.28	33.99	11.9
S176	敦煌研究	489	0.113	0.043	0.74	89	3	18.20	81.14	15.0
S177	俄罗斯文艺	41	0.052	0.016	0.29	12	1	29.27	26.90	8.4
S621	法律科学-西北政法大学学报	1245	1.325	0.547	0.95	202	18	16.22	169.52	5.2
S622	法商研究	1237	1.914	0.624	0.94	180	16	14.55	169.44	5.9
S623	法学	1840	1.337	0.389	0.93	198	16	10.76	254.82	5.4
S624	法学家	1207	1.788	0.564	0.92	146	14	12.10	168.98	5.4
S178	法学论坛	731	1.267	0.319	0.97	164	20	22.44	97.88	4.3
S625	法学评论	1090	1.441	0.515	0.95	187	19	17.16	147.51	4.5
S626	法学研究	2620	3.649	0.586	0.95	215	14	8.21	363.46	6.9
S319	法学杂志	833	0.887	0.198	0.95	189	20	22.69	112.30	4.5
S627	法制与社会发展	975	1.986	1.000	0.84	148	13	15.18	134.32	4.5
S179	方言	311	0.135	0.000	0.67	39	2	12.54	71.12	17.3
S933	福建师范大学学报哲学社会科学版	311	0.570	0.138	0.95	195	47	62.70	43.36	3.8
S852	妇女研究论丛	392	0.692	0.098	0.69	125	8	31.89	51.48	5.1
S934	复旦学报社会科学版	495	0.362	0.073	0.98	248	58	50.10	68.40	8.0
S743	改革	2517	4.468	1.085	0.91	392	41	15.57	259.03	2.7
S181	甘肃政法学院学报	198	0.303	0.069	0.95	93	18	46.97	25.70	5.3
S668	高等工程教育研究	1381	1.471	0.279	0.70	174	5	12.60	156.98	3.6
S669	高等教育研究	1303	0.910	0.217	0.88	180	8	13.81	173.66	5.8
J067	工业技术经济	1195	1.124	0.215	0.94	302	27	25.27	118.93	3.3
S183	公共行政评论	700	1.962	0.371	0.88	207	24	29.57	81.43	4.5
S184	古汉语研究	108	0.137	0.043	0.67	26	3	24.07	23.22	12.3
S185	古籍整理研究学刊	55	0.016	0.000	0.76	35	8	63.64	8.64	10.5
S188	广东财经大学学报	351	1.383	0.327	0.89	147	25	41.88	36.40	3.2
S936	广西民族大学学报哲学社会科学版	376	0.206	0.057	0.92	168	22	44.68	51.43	7.1
S190	贵州财经大学学报	232	0.878	0.242	0.94	122	26	52.59	23.48	2.7
S746	国际金融研究	1446	2.173	0.589	0.87	182	20	12.59	158.81	4.4
S747	国际经济合作	262	0.480	0.111	0.95	133	31	50.76	28.56	4.8
S831	国际经贸探索	695	1.515	0.595	0.82	185	22	26.62	75.28	3.8
S750	国际贸易问题	2201	1.707	0.214	0.92	234	25	10.63	232.27	5.2
S192	国际商务-对外经济贸易大学学报	289	0.894	0.103	0.91	121	24	41.87	31.34	3.6
S751	国际商务研究	129	0.413	0.189	0.91	81	19	62.79	13.45	3.6
L042	国际石油经济	521	0.635	0.392	0.77	146	7	28.02	47.65	2.8
S194	国家检察官学院学报	486	1.398	0.254	0.90	95	11	19.55	70.00	4.1
S195	国家教育行政学院学报	467	0.583	0.195	0.91	127	11	27.19	60.78	3.5
S197	国家图书馆学刊	423	1.102	0.338	0.92	55	4	13.00	41.00	3.8
S199	海交史研究	48	0.014	0.000	0.81	24	4	50.00	8.94	17.3
S200	汉语学习	304	0.235	0.015	0.71	29	3	9.54	72.48	13.1

表 4-1　2021 年社会科学领域中国科技核心期刊被引用指标刊名字顺索引（续）

CODE	刊名	核心总被引频次	核心影响因子	核心即年指标	核心他引率	核心引用刊数	核心开放因子	核心扩散因子	核心权威因子	核心被引半衰期
S204	河北师范大学学报教育科学版	223	0.400	0.094	0.87	85	11	38.12	29.96	4.3
S272	河海大学学报哲学社会科学版	325	0.949	0.127	0.88	150	29	46.15	35.10	3.1
S205	河南大学学报社会科学版	294	0.300	0.083	0.91	171	42	58.16	37.71	5.5
S206	红楼梦学刊	275	0.111	0.027	0.28	27	1	9.82	78.76	10.0
S209	湖南大学学报社会科学版	285	0.465	0.131	0.92	177	43	62.11	37.21	3.2
S210	湖南科技大学学报社会科学版	241	0.346	0.093	0.85	130	27	53.94	30.00	3.2
S211	湖南社会科学	304	0.302	0.131	0.96	200	55	65.79	35.99	4.6
S212	湖南师范大学教育科学学报	365	0.771	0.360	0.87	83	10	22.74	51.31	2.9
S213	湖南师范大学社会科学学报	337	0.484	0.103	0.92	190	45	56.38	43.69	5.2
S673	华东师范大学学报教育科学版	775	1.463	0.545	0.94	161	14	20.77	105.86	3.4
S939	华东师范大学学报哲学社会科学版	418	0.524	0.126	0.95	222	52	53.11	58.79	5.5
S214	华东政法大学学报	658	1.256	0.314	0.96	132	15	20.06	91.47	3.8
S940	华南师范大学学报社会科学版	491	0.698	0.109	0.97	274	68	55.80	60.93	4.0
S215	华侨华人历史研究	124	0.208	0.054	0.71	32	3	25.81	21.16	8.3
S941	华中师范大学学报人文社会科学版	743	0.692	0.185	0.96	291	56	39.17	94.74	7.2
S216	黄钟-武汉音乐学院学报	157	0.060	0.016	0.76	20	2	12.74	57.13	13.1
S942	吉林大学社会科学学报	602	0.571	0.135	0.97	270	56	44.85	78.24	5.7
S718	技术经济	980	0.734	0.049	0.86	265	21	27.04	96.27	4.3
S719	技术经济与管理研究	688	0.425	0.130	0.92	282	40	40.99	68.61	4.2
S832	价格理论与实践	1473	0.658	0.253	0.62	320	12	21.72	143.63	3.1
S944	江海学刊	597	0.366	0.089	0.96	261	59	43.72	78.83	6.1
S674	江苏高教	654	0.452	0.169	0.78	129	7	19.72	85.17	3.6
S854	江苏社会科学	746	0.660	0.161	0.96	301	62	40.35	93.69	5.6
S219	江苏行政学院学报	377	0.540	0.124	0.97	192	41	50.93	48.41	4.7
S220	江西财经大学学报	334	0.906	0.107	0.91	165	32	49.40	34.70	3.4
S946	江西社会科学	775	0.357	0.054	0.93	343	69	44.26	95.87	5.0
S221	交响-西安音乐学院学报	68	0.052	0.011	0.71	12	2	17.65	25.95	11.8
S222	教师教育研究	570	0.582	0.167	0.76	90	8	15.79	80.95	5.8
S675	教学与研究	461	0.384	0.165	0.96	206	37	44.69	57.22	4.7
S223	教育财会研究	83	0.181	0.063	0.31	15	1	18.07	23.70	2.9
S676	教育发展研究	1365	0.767	0.200	0.88	182	11	13.33	187.88	4.8
S677	教育科学	348	0.728	0.120	0.89	101	13	29.02	45.99	4.7
S415	教育生物学杂志	85	0.256	0.081	0.80	48	9	56.47	7.15	3.8
S224	教育学报	434	0.652	0.122	0.92	105	12	24.19	59.28	5.4
S681	教育研究	2792	1.816	0.532	0.89	229	13	8.20	386.67	5.7
S682	教育研究与实验	374	0.470	0.106	0.90	116	13	31.02	51.16	7.5
S683	教育与经济	397	0.933	0.206	0.83	114	11	28.72	52.08	4.5
S225	解放军外国语学院学报	313	0.410	0.018	0.75	57	5	18.21	70.25	5.6
S226	金融经济学研究	469	1.876	0.246	0.86	132	21	28.14	50.23	2.8
S652	金融理论与实践	390	0.409	0.182	0.79	153	22	39.23	39.89	3.4
S227	金融论坛	583	1.914	0.219	0.61	141	8	24.19	65.12	2.7
S757	金融研究	7449	4.777	0.402	0.95	285	29	3.83	814.59	6.1
S228	近代史研究	417	0.420	0.061	0.84	118	13	28.30	66.92	12.8

表 4-1　2021 年社会科学领域中国科技核心期刊被引用指标刊名字顺索引（续）

CODE	刊名	核心总被引频次	核心影响因子	核心即年指标	核心他引率	核心引用刊数	核心开放因子	核心扩散因子	核心权威因子	核心被引半衰期
S759	经济管理	2508	2.615	0.453	0.90	322	31	12.84	264.86	4.5
S760	经济经纬	886	1.492	0.333	0.85	223	28	25.17	89.20	3.6
S761	经济科学	809	1.436	0.274	0.99	213	39	26.33	86.47	5.8
S762	经济理论与经济管理	1046	1.388	0.259	0.97	237	42	22.66	111.77	5.1
S764	经济评论	1147	2.347	0.702	0.97	257	43	22.41	121.20	4.7
S765	经济社会体制比较	1027	1.118	0.174	0.94	278	48	27.07	116.17	6.1
S767	经济体制改革	826	1.065	0.226	0.93	248	35	30.02	84.50	3.4
S768	经济问题	1358	1.326	0.397	0.91	326	40	24.01	136.02	3.6
S769	经济问题探索	1453	1.062	0.291	0.95	325	37	22.37	144.91	4.0
S229	经济学	3798	4.185	0.519	1.00	310	38	8.16	410.41	7.0
S282	经济学报	160	0.742	0.088	0.92	97	24	60.63	17.35	4.8
S721	经济学动态	2107	2.023	0.464	0.96	316	44	15.00	228.73	5.0
S771	经济学家	2163	3.057	0.718	0.94	336	44	15.53	228.76	3.6
S772	经济研究	19629	9.543	0.702	0.96	476	37	2.42	2123.06	7.2
S230	经济与管理评论	445	1.178	0.416	0.86	178	28	40.00	45.12	3.1
S773	经济与管理研究	1125	1.619	0.232	0.96	298	43	26.49	119.42	4.1
S774	经济纵横	1065	1.440	0.255	0.95	296	39	27.79	108.79	3.3
S094	竞争情报	77	0.202	0.150	0.86	28	4	36.36	7.35	3.6
S232	军事运筹与系统工程	297	0.722	0.042	0.82	63	4	21.21	29.11	5.5
S233	开放教育研究	500	1.114	0.449	0.79	127	10	25.40	76.80	3.8
S234	开放时代	1123	1.148	0.309	0.95	232	28	20.66	143.23	8.4
S155	开放学习研究	80	0.426	0.067	0.29	19	1	23.75	25.67	2.7
S235	抗日战争研究	126	0.185	0.041	0.83	37	5	29.37	21.89	12.0
S808	考古	1488	0.394	0.040	0.81	119	5	8.00	238.25	23.5
S809	考古学报	513	0.439	0.042	0.91	94	6	18.32	80.26	35.4
S810	考古与文物	452	0.193	0.133	0.72	68	5	15.04	72.19	12.6
W027	科技与法律中英文版	173	0.397	0.116	0.82	89	18	51.45	20.53	4.1
S236	课程・教材・教法	956	0.536	0.097	0.65	90	3	9.41	143.17	5.0
S756	会计研究	4015	1.719	0.165	0.86	202	17	5.03	450.47	6.5
S217	会计与经济研究	219	0.965	0.122	0.85	85	11	38.81	24.74	3.7
S947	兰州大学学报社会科学版	313	0.372	0.242	0.90	203	50	64.86	38.19	4.4
S237	理论探讨	496	0.568	0.250	0.96	222	49	44.76	57.68	3.6
S238	理论与改革	371	0.660	0.394	0.95	175	35	47.17	42.98	3.6
S239	历史教学问题	65	0.022	0.000	0.88	42	10	64.62	10.28	9.1
S240	历史研究	771	0.320	0.072	0.94	188	20	24.38	120.85	16.5
S242	林业经济问题	550	1.301	0.298	0.50	113	1	20.55	46.20	3.5
S243	鲁迅研究月刊	239	0.096	0.023	0.69	39	3	16.32	52.53	13.5
S245	旅游科学	542	0.863	0.171	0.92	133	11	24.54	49.09	6.8
S616	旅游学刊	3034	1.556	0.171	0.80	267	10	8.80	278.81	6.3
S244	伦理学研究	195	0.174	0.025	0.89	91	15	46.67	23.25	5.2
S246	马克思主义研究	754	0.718	0.151	0.80	174	14	23.08	97.56	3.9
S247	马克思主义与现实	593	0.448	0.283	0.93	201	33	33.90	77.73	6.2
S637	煤炭经济研究	421	0.696	0.163	0.71	103	5	24.47	37.23	2.7

表 4-1　2021 年社会科学领域中国科技核心期刊被引用指标刊名字顺索引（续）

CODE	刊名	核心总被引频次	核心影响因子	核心即年指标	核心他引率	核心引用刊数	核心开放因子	核心扩散因子	核心权威因子	核心被引半衰期
S248	美术研究	82	0.064	0.000	0.82	43	9	52.44	15.48	8.5
S249	民族教育研究	412	0.847	0.142	0.49	71	1	17.23	65.48	2.9
S251	民族文学研究	150	0.136	0.019	0.56	41	2	27.33	33.84	8.9
S252	民族研究	519	0.417	0.100	0.89	133	8	25.63	78.57	7.4
S253	民族艺术	232	0.261	0.096	0.84	60	4	25.86	49.19	5.9
S254	明清小说研究	117	0.102	0.000	0.62	30	2	25.64	27.56	14.8
S255	南方文坛	192	0.058	0.091	0.80	42	4	21.88	44.43	7.5
S950	南京大学学报哲学·人文科学·社会科学	482	0.488	0.167	0.96	240	54	49.79	66.06	8.3
S858	南京社会科学	1213	0.730	0.188	0.96	382	71	31.49	146.42	4.6
S777	南开经济研究	962	1.664	0.039	0.97	232	42	24.12	101.95	5.7
S953	南开学报哲学社会科学版	415	0.394	0.205	0.97	233	66	56.14	51.17	5.7
S839	农村经济	1560	1.147	0.321	0.86	273	17	17.50	144.65	4.0
S778	农业技术经济	2774	2.894	0.529	0.85	308	12	11.10	246.59	4.7
S779	农业经济问题	3609	3.587	0.926	0.85	374	14	10.36	333.03	4.3
S639	企业经济	600	0.454	0.131	0.90	246	37	41.00	61.09	3.6
S258	青年探索	154	0.330	0.169	0.81	57	5	37.01	20.07	5.2
S259	青年研究	433	0.825	0.041	0.85	145	14	33.49	54.63	7.5
S260	青少年犯罪问题	191	0.404	0.143	0.65	42	4	21.99	27.90	4.2
S687	清华大学教育研究	696	0.952	0.150	0.94	172	13	24.71	91.74	5.1
S955	清华大学学报哲学社会科学版	516	0.412	0.204	0.98	278	68	53.88	67.80	6.7
S844	情报工程	192	0.586	0.150	0.90	80	12	41.67	17.49	3.4
S846	情报科学	2753	1.558	0.392	0.83	404	8	14.67	264.79	3.8
S847	情报理论与实践	3370	1.870	0.563	0.81	353	6	10.47	324.10	3.5
W020	情报学报	2172	2.697	0.368	0.89	265	6	12.20	208.13	3.9
S848	情报杂志	3449	1.548	0.355	0.81	433	7	12.55	334.07	4.3
S849	情报资料工作	848	1.812	0.732	0.93	117	6	13.80	81.84	3.8
S261	求实	311	1.011	0.370	0.94	161	36	51.77	35.36	4.6
S956	求是	2261	2.286	1.803	1.00	365	36	16.14	292.12	2.1
S958	求索	677	0.956	0.248	0.92	288	54	42.54	80.21	3.9
S688	全球教育展望	646	0.576	0.142	0.87	105	9	16.25	93.11	6.3
S106	全球科技经济瞭望	248	0.280	0.023	0.77	90	9	36.29	23.97	4.2
S860	人口研究	1446	2.248	0.436	0.93	324	42	22.41	152.73	6.9
S862	人口与经济	764	1.467	0.321	0.94	258	43	33.77	79.39	6.3
S628	人民检察	413	0.122	0.026	0.87	69	8	16.71	60.37	5.4
S263	人民音乐	322	0.060	0.015	0.76	30	3	9.32	119.54	16.8
S617	人文地理	2659	1.703	0.152	0.89	312	12	11.73	237.44	7.1
S819	软科学	2323	1.417	0.209	0.91	395	28	17.00	231.85	3.9
S264	山东大学学报哲学社会科学版	484	0.555	0.311	0.96	263	66	54.34	56.35	4.5
S961	山西财经大学学报	955	1.383	0.422	0.94	216	32	22.62	103.57	4.4
S964	陕西师范大学学报哲学社会科学版	382	0.528	0.319	0.85	199	39	52.09	52.79	3.9
S834	商业经济与管理	640	1.073	0.115	0.88	200	27	31.25	65.80	4.8
S835	商业研究	780	0.620	0.122	0.98	262	44	33.59	79.35	4.8
S265	上海财经大学学报哲学社会科学版	394	1.246	0.267	0.95	176	35	44.67	43.03	3.7

表 4-1　2021 年社会科学领域中国科技核心期刊被引用指标刊名字顺索引（续）

CODE	刊名	核心总被引频次	核心影响因子	核心即年指标	核心他引率	核心引用刊数	核心开放因子	核心扩散因子	核心权威因子	核心被引半衰期
S965	上海大学学报社会科学版	262	0.655	0.095	0.96	149	34	56.87	40.78	4.6
S266	上海翻译	465	0.870	0.142	0.56	45	2	9.68	100.09	4.2
S268	上海金融	311	0.450	0.181	0.85	131	20	42.12	33.38	4.1
S781	上海经济研究	945	1.236	0.445	0.93	248	34	26.24	99.44	3.6
S269	上海师范大学学报哲学社会科学版	238	0.297	0.086	0.97	154	43	64.71	35.95	5.2
S883	上海体育学院学报	760	1.368	0.333	0.85	102	5	13.42	80.51	3.5
S267	上海行政学院学报	361	0.941	0.175	0.91	162	31	44.88	42.22	4.2
S270	社会	1310	1.948	0.370	0.94	273	30	20.84	161.34	7.3
S271	社会保障研究	364	1.060	0.203	0.86	138	20	37.91	36.18	3.9
S863	社会科学	1149	0.683	0.190	0.96	382	67	33.25	141.79	5.9
S865	社会科学研究	798	0.577	0.209	0.98	326	73	40.85	95.06	7.1
S866	社会科学战线	1056	0.386	0.131	0.96	369	73	34.94	141.73	5.3
S867	社会学研究	3304	2.860	0.633	0.94	365	36	11.05	407.60	9.8
S276	社会主义研究	398	0.486	0.077	0.95	162	31	40.70	48.13	4.9
S782	审计研究	1101	1.349	0.301	0.76	135	9	12.26	126.20	5.3
S784	生态经济	2368	0.952	0.220	0.89	485	39	20.48	206.04	3.9
S278	史学月刊	424	0.144	0.049	0.90	145	19	34.20	66.68	11.5
S691	世界汉语教学	437	0.557	0.050	0.80	41	3	9.38	99.49	10.2
S785	世界经济	5003	4.038	0.413	0.96	296	29	5.92	543.33	6.4
S787	世界经济研究	1341	1.654	0.333	0.93	211	27	15.73	142.88	4.7
S788	世界经济与政治	993	1.890	0.268	0.76	173	5	17.42	133.71	5.5
S789	世界经济与政治论坛	245	0.833	0.205	0.89	124	24	50.61	29.79	4.5
A201	世界科技研究与发展	448	0.517	0.333	0.93	304	80	67.86	39.29	7.2
S285	世界民族	156	0.331	0.031	0.65	57	4	36.54	27.40	7.4
S286	世界宗教文化	104	0.106	0.007	0.78	45	4	43.27	22.80	5.5
S287	世界宗教研究	215	0.122	0.018	0.85	65	4	30.23	53.41	10.7
S850	数据分析与知识发现	1203	1.447	0.359	0.87	229	7	19.04	113.11	3.8
S790	数量经济技术经济研究	3656	3.788	0.732	0.94	370	35	10.12	377.41	5.7
B523	数学教育学报	715	1.170	0.958	0.17	30	1	4.20	110.33	3.4
W022	数字图书馆论坛	493	0.958	0.367	0.81	90	6	18.26	45.94	3.2
S656	税务与经济	173	0.415	0.047	0.90	105	25	60.69	17.39	3.2
S290	思想教育研究	407	0.245	0.083	0.72	107	5	26.29	51.95	3.1
S291	思想理论教育导刊	449	0.215	0.092	0.91	144	10	32.07	58.36	3.6
S292	思想战线	507	0.485	0.190	0.92	195	26	38.46	69.07	6.0
S967	四川大学学报哲学社会科学版	366	0.581	0.080	0.98	209	56	57.10	47.57	4.3
S294	苏州大学学报哲学社会科学版	366	0.249	0.214	0.95	185	41	50.55	49.59	6.1
S295	台湾研究	173	0.415	0.029	0.51	14	2	8.09	45.55	4.4
S296	台湾研究集刊	243	0.421	0.167	0.46	26	1	10.70	65.79	6.8
S297	探索	603	1.212	0.545	0.83	182	23	30.18	72.28	3.0
S884	体育科学	1899	2.127	0.203	0.88	236	6	12.43	192.97	5.1
S880	体育学刊	752	0.877	0.169	0.79	98	4	13.03	79.90	5.2
S885	体育与科学	565	0.733	0.292	0.78	81	4	14.34	59.79	5.5
S886	天津体育学院学报	569	0.932	0.155	0.85	102	5	17.93	58.83	4.7

表 4-1 2021 年社会科学领域中国科技核心期刊被引用指标刊名字顺索引（续）

CODE	刊名	核心总被引频次	核心影响因子	核心即年指标	核心他引率	核心引用刊数	核心开放因子	核心扩散因子	核心权威因子	核心被引半衰期
S793	统计研究	2371	2.463	0.423	0.91	423	41	17.84	243.09	5.9
S293	统计与决策	3943	0.719	0.162	0.86	726	48	18.41	372.40	3.7
S306	统计与信息论坛	1059	0.926	0.275	0.88	418	56	39.47	100.95	4.6
S895	图书馆建设	894	0.918	0.355	0.82	65	4	7.27	87.33	3.9
S897	图书馆论坛	1397	1.036	0.530	0.80	147	4	10.52	135.62	3.3
S308	图书馆学研究	1393	0.879	0.221	0.72	151	4	10.84	133.91	3.5
S899	图书情报工作	4384	1.683	0.188	0.84	337	6	7.69	417.90	4.6
S900	图书情报知识	964	1.725	0.403	0.93	150	7	15.56	93.03	4.1
S901	图书与情报	1091	1.970	0.271	0.92	151	7	13.84	106.83	4.0
S694	外国教育研究	367	0.371	0.058	0.89	86	9	23.43	51.52	6.0
S795	外国经济与管理	1554	1.741	0.482	0.92	256	16	16.47	164.50	4.6
S314	外国文学	181	0.133	0.050	0.92	72	10	39.78	39.55	8.1
S315	外国文学评论	109	0.112	0.000	0.86	46	11	42.20	25.25	14.2
S316	外国文学研究	150	0.090	0.038	0.83	55	7	36.67	40.11	11.1
S317	外国语	447	0.741	0.125	0.77	71	5	15.88	97.87	7.4
S318	外国语文-四川外语学院学报	228	0.286	0.028	0.72	55	4	24.12	50.12	5.7
S320	外交评论	327	1.369	0.200	0.83	89	4	27.22	45.27	5.5
S697	外语教学	495	0.731	0.147	0.80	63	3	12.73	112.33	3.9
S698	外语教学与研究	634	0.651	0.085	0.86	72	5	11.36	146.61	7.6
S323	外语界	419	0.846	0.400	0.63	39	3	9.31	96.50	4.7
S699	外语与外语教学	395	0.589	0.138	0.79	71	5	17.97	88.72	5.9
S973	文史哲	407	0.376	0.056	0.93	161	27	39.56	62.47	13.1
S811	文物	1626	0.267	0.031	0.89	152	7	9.35	274.89	28.8
A906	文物保护与考古科学	439	0.346	0.022	0.65	108	6	24.60	43.85	7.3
S327	文学评论	694	0.392	0.092	0.93	103	13	14.84	138.92	10.4
S328	文学遗产	351	0.204	0.071	0.78	70	9	19.94	66.41	9.9
S329	文艺理论研究	270	0.188	0.048	0.94	87	15	32.22	52.67	7.7
S330	文艺理论与批评	142	0.242	0.037	0.89	62	10	43.66	29.81	5.0
S331	文艺评论	61	0.010	0.000	0.89	33	8	54.10	11.10	9.1
S332	文艺研究	600	0.320	0.048	0.94	116	15	19.33	122.63	9.6
S333	文艺争鸣	441	0.148	0.011	0.81	90	7	20.41	91.99	6.5
S334	武汉大学学报哲学社会科学版	660	0.953	0.367	0.98	273	66	41.36	80.08	4.4
S887	武汉体育学院学报	931	0.855	0.344	0.73	97	4	10.42	99.92	4.0
C509	物理与工程	212	0.246	0.106	0.42	71	1	33.49	25.58	4.3
S336	西安交通大学学报社会科学版	554	1.291	0.260	0.95	272	61	49.10	58.99	3.4
S881	西安体育学院学报	437	0.644	0.250	0.75	81	5	18.54	45.18	4.1
S576	西安外国语大学学报	176	0.379	0.051	0.84	36	2	20.45	39.85	3.5
S975	西北大学学报哲学社会科学版	432	0.781	0.237	0.95	230	51	53.24	51.03	3.6
S150	西北农林科技大学学报社会科学版	833	1.404	0.363	0.92	232	27	27.85	79.68	3.7
S340	西南大学学报社会科学版	601	0.765	0.371	0.84	237	25	39.43	70.15	4.3
S341	西南民族大学学报人文社科版	1140	0.517	0.170	0.84	369	46	32.37	144.63	3.9
S342	戏剧-中央戏剧学院学报	76	0.120	0.039	0.49	24	1	31.58	19.39	7.8
S978	厦门大学学报哲学社会科学版	492	0.619	0.189	0.98	247	57	50.20	67.56	5.9

表 4-1　2021 年社会科学领域中国科技核心期刊被引用指标刊名字顺索引（续）

CODE	刊名	核心总被引频次	核心影响因子	核心即年指标	核心他引率	核心引用刊数	核心开放因子	核心扩散因子	核心权威因子	核心被引半衰期
S343	现代财经-天津财经大学学报	452	0.941	0.163	0.93	176	33	38.94	47.67	4.0
S906	现代传播	969	0.489	0.050	0.77	196	12	20.23	132.64	4.4
S630	现代法学	1010	1.688	0.149	0.96	165	18	16.34	137.78	6.2
S309	现代情报	1737	1.499	0.220	0.89	305	8	17.56	163.99	3.5
S346	湘潭大学学报哲学社会科学版	344	0.331	0.102	0.94	192	48	55.81	41.81	4.3
S836	消费经济	353	1.117	0.446	0.88	154	24	43.63	35.57	3.9
S348	小说评论	164	0.126	0.048	0.87	41	5	25.00	36.40	7.5
S700	心理发展与教育	1134	0.896	0.107	0.82	186	7	16.40	117.71	7.3
S349	新疆师范大学学报哲学社会科学版	561	1.526	1.042	0.96	260	57	46.35	68.02	2.8
S350	新视野	231	0.287	0.220	0.91	131	33	56.71	27.98	4.3
S351	新文学史料	198	0.046	0.010	0.88	49	5	24.75	41.42	28.5
S907	新闻大学	334	0.467	0.073	0.79	111	6	33.23	45.12	4.8
S909	新闻与传播研究	570	0.886	0.059	0.92	142	10	24.91	75.24	5.1
S582	刑事技术	561	0.665	0.084	0.59	94	2	16.76	54.53	5.5
S201	行政论坛	557	1.056	0.296	0.94	193	31	34.65	65.60	3.3
S354	学海	608	0.503	0.039	0.95	236	43	38.82	74.74	5.1
S703	学前教育研究	750	1.247	0.177	0.34	83	1	11.07	100.90	3.9
S981	学术研究	841	0.386	0.071	0.94	334	66	39.71	111.55	5.8
S982	学术月刊	1233	0.804	0.156	0.99	336	65	27.25	166.75	5.7
S704	学位与研究生教育	700	0.720	0.056	0.61	117	3	16.71	85.71	5.0
S361	学习论坛	188	0.243	0.167	0.93	117	29	62.23	21.97	3.2
S983	学习与探索	835	0.527	0.109	0.95	302	60	36.17	102.31	4.4
S363	学校党建与思想教育	520	0.171	0.071	0.58	134	3	25.77	62.35	2.7
S799	亚太经济	394	0.777	0.224	0.87	153	20	38.83	43.93	3.8
G865	医学信息学杂志	647	0.480	0.110	0.81	172	8	26.58	50.09	3.7
G308	医学与哲学	2498	0.786	0.171	0.80	466	19	18.65	193.22	4.5
S366	艺术百家	226	0.141	0.013	0.69	84	8	37.17	42.40	5.3
S367	音乐研究	335	0.336	0.049	0.86	21	3	6.27	128.16	15.1
S368	语言教学与研究	482	0.607	0.045	0.79	51	3	10.58	111.37	10.3
S369	语言文字应用	300	0.595	0.118	0.67	71	5	23.67	55.57	6.9
S370	语言研究	289	0.086	0.015	0.87	46	5	15.92	65.99	19.3
S822	预测	494	0.941	0.167	0.89	159	16	32.19	50.28	5.0
S372	云南财经大学学报	394	0.793	0.189	0.93	171	32	43.40	40.57	3.0
S374	云南民族大学学报哲学社会科学版	315	0.476	0.075	0.90	151	25	47.94	38.55	4.3
S922	哲学动态	385	0.188	0.043	0.96	170	30	44.16	52.07	7.3
S923	哲学研究	913	0.465	0.048	0.95	229	27	25.08	126.12	9.0
S986	浙江大学学报人文社会科学版	617	0.391	0.096	0.95	291	64	47.16	77.41	7.9
S987	浙江社会科学	921	0.491	0.121	0.96	331	67	35.94	114.66	5.3
G352	证据科学	297	0.500	0.192	0.63	63	2	21.21	37.83	6.2
S659	证券市场导报	557	0.841	0.319	0.85	127	18	22.80	67.58	4.2
S619	政法论坛	984	1.032	0.400	0.94	154	15	15.65	137.99	5.8
S382	政治学研究	1162	2.190	0.282	0.93	228	22	19.62	146.14	5.4
S383	政治与法律	1362	1.232	0.315	0.93	166	16	12.19	189.59	4.8

表 4-1　2021 年社会科学领域中国科技核心期刊被引用指标刊名字顺索引（续）

CODE	刊名	核心总被引频次	核心影响因子	核心即年指标	核心他引率	核心引用刊数	核心开放因子	核心扩散因子	核心权威因子	核心被引半衰期
S384	职教论坛	649	0.357	0.233	0.60	75	2	11.56	84.97	3.4
S386	中共党史研究	436	0.562	0.038	0.70	126	8	28.90	63.88	6.4
S390	中共浙江省委党校学报	395	1.038	0.329	0.88	180	32	45.57	46.07	3.1
S193	中共中央党校（国家行政学院）学报	1057	1.000	0.195	0.98	304	55	28.76	124.77	5.1
S392	中国比较文学	111	0.133	0.000	0.78	53	10	47.75	22.27	9.5
S393	中国边疆史地研究	248	0.182	0.026	0.73	64	5	25.81	37.88	9.5
S304	中国大学教学	799	0.620	0.151	0.83	180	11	22.53	90.84	3.9
S396	中国党政干部论坛	208	0.124	0.042	1.00	126	36	60.58	23.24	3.8
S397	中国地方志	128	0.064	0.042	0.23	24	1	18.75	42.64	13.0
S398	中国地质大学学报社会科学版	496	0.863	0.230	0.94	249	49	50.20	52.69	4.5
S633	中国法学	2931	3.386	1.000	0.95	240	15	8.19	407.44	6.3
S400	中国翻译	811	0.593	0.021	0.74	78	4	9.62	177.76	8.1
S401	中国改革	34	0.019	0.010	1.00	31	14	91.18	3.79	13.0
S664	中国高教研究	1558	1.329	0.477	0.87	214	9	13.74	198.08	3.6
S800	中国工业经济	9572	10.094	1.320	0.97	415	37	4.34	1021.76	4.7
S404	中国海商法研究	125	0.447	0.085	0.40	28	1	22.40	23.38	4.2
S823	中国科技翻译	138	0.193	0.031	0.57	37	2	26.81	21.53	6.0
A583	中国科技期刊研究	1816	1.724	0.563	0.50	152	2	8.37	152.29	3.5
S133	中国科技资源导刊	208	0.531	0.113	0.75	70	8	33.65	19.95	3.0
S410	中国劳动	100	0.257	0.189	0.76	50	8	50.00	12.36	4.9
S618	中国历史地理论丛	253	0.248	0.000	0.86	102	16	40.32	33.13	14.2
S838	中国流通经济	859	1.101	0.390	0.82	261	23	30.38	86.44	3.5
S414	中国穆斯林	43	0.071	0.010	0.30	7	1	16.28	28.11	4.1
S803	中国农村观察	1362	3.000	0.327	0.95	257	21	18.87	131.80	5.5
S804	中国农村经济	3967	4.942	0.630	0.94	374	22	9.43	371.87	4.7
H221	中国农业资源与区划	3019	1.451	0.281	0.76	395	18	13.08	238.30	3.5
S417	中国青年社会科学	245	0.367	0.141	0.83	111	13	45.31	31.70	4.3
S416	中国青年研究	997	0.854	0.186	0.77	226	8	22.67	126.96	4.2
S874	中国人口科学	1410	2.439	0.571	0.94	309	42	21.91	148.34	6.3
S419	中国人力资源开发	831	1.378	0.343	0.71	177	8	21.30	88.69	3.6
S990	中国人民大学学报	898	0.837	0.165	0.99	338	69	37.64	111.08	6.7
S875	中国社会科学	6889	4.675	1.167	0.98	525	78	7.62	856.15	7.4
S587	中国司法鉴定	316	0.269	0.053	0.66	83	3	26.27	31.65	6.1
S714	中国特殊教育	1101	0.828	0.196	0.50	139	2	12.62	116.44	5.2
S888	中国体育科技	852	1.322	0.141	0.83	174	7	20.42	82.98	3.9
S902	中国图书馆学报	1866	4.972	1.143	0.93	175	7	9.38	181.69	5.0
S426	中国文化研究	104	0.073	0.016	0.97	62	17	59.62	18.64	12.0
S427	中国现代文学研究丛刊	370	0.203	0.041	0.79	67	5	18.11	79.07	6.6
S428	中国刑事法杂志	569	1.922	0.417	0.88	74	8	13.01	82.69	3.9
S405	中国行政管理	3200	1.650	0.214	0.85	417	34	13.03	368.56	4.4
G911	中国医学伦理学	1333	0.922	0.169	0.70	241	8	18.08	103.21	3.2
S429	中国音乐	238	0.173	0.014	0.72	28	3	11.76	84.94	13.0
S430	中国音乐学	244	0.133	0.000	0.87	25	3	10.25	90.90	17.1

表 4-1 2021 年社会科学领域中国科技核心期刊被引用指标刊名字顺索引（续）

CODE	刊名	核心总被引频次	核心影响因子	核心即年指标	核心他引率	核心引用刊数	核心开放因子	核心扩散因子	核心权威因子	核心被引半衰期
S715	中国语文	934	0.301	0.049	0.84	67	5	7.17	213.82	18.8
G131	中国运动医学杂志	1171	0.872	0.073	0.91	319	34	27.24	92.44	5.5
S432	中国职业技术教育	1112	0.506	0.193	0.51	111	2	9.98	143.62	2.7
S807	中国资产评估	158	0.236	0.017	0.09	14	1	8.86	68.98	3.9
S434	中国宗教	54	0.021	0.003	1.00	17	2	31.48	11.91	5.3
S435	中华文化论坛	119	0.078	0.013	0.71	56	7	47.06	17.27	7.3
S992	中南财经政法大学学报	693	1.186	0.321	0.95	222	40	32.03	74.28	4.3
S993	中南民族大学学报人文社会科学版	503	0.516	0.170	0.84	190	17	37.77	68.15	4.0
S994	中山大学学报社会科学版	490	0.403	0.058	0.96	252	59	51.43	67.55	7.9
S634	中外法学	1536	2.778	0.554	0.93	159	13	10.35	218.00	5.2
S440	中央财经大学学报	857	1.067	0.145	0.93	271	45	31.62	90.41	4.7
S441	中央音乐学院学报	206	0.152	0.039	0.84	20	3	9.71	78.01	15.3
S996	中州学刊	818	0.442	0.112	0.90	311	56	38.02	94.07	4.0
S444	装饰	368	0.144	0.013	0.69	118	5	32.07	45.34	4.9
S728	资源开发与市场	989	0.428	0.093	0.89	335	36	33.87	83.63	4.7
S446	资源与产业	508	1.270	0.104	0.80	198	24	38.98	44.49	5.3
S926	自然辩证法研究	697	0.289	0.047	0.84	224	25	32.14	78.80	7.0
S448	宗教学研究	206	0.097	0.014	0.56	51	2	24.76	44.71	9.6

4.2 期刊来源指标刊名字顺排序

表 4-2 2021 年社会科学领域中国科技核心期刊来源指标刊名字顺索引

CODE	刊名	来源文献量	文献选出率	AR论文量	平均引文数	平均作者数	地区分布数	机构分布数	海外论文比	基金论文比	引用半衰期
S929	北京大学学报哲学社会科学版	90	0.91	90	44.8	1.2	11	30	0.04	0.40	51.8
S153	北京电影学院学报	160	0.89	160	35.6	1.3	20	77	0.09	0.31	20.2
S148	北京工业大学学报社会科学版	63	0.98	63	33.1	1.7	9	25	0.00	0.73	7.0
S930	北京师范大学学报社会科学版	91	0.98	88	42.1	1.7	16	36	0.01	0.58	25.1
S877	北京体育大学学报	178	0.97	178	32.5	2.6	20	70	0.02	0.84	5.9
S156	北京行政学院学报	82	0.93	82	26.3	1.7	20	50	0.00	0.72	10.3
S695	比较教育学报	73	0.92	73	42.4	2.1	16	39	0.12	0.62	6.2
S666	比较教育研究	157	0.99	157	23.9	1.7	21	71	0.05	0.57	5.7
A570	编辑学报	153	0.85	134	16.6	3.0	21	117	0.01	0.27	2.5
S731	财经科学	118	0.78	118	31.4	2.5	19	53	0.02	0.72	7.7
S647	财经理论与实践	125	1.00	125	27.8	2.3	23	59	0.02	0.97	6.6
S147	财经论丛	121	0.99	121	32.7	2.3	23	74	0.01	0.85	7.7
S732	财经问题研究	163	0.95	163	26.4	2.0	22	72	0.01	0.80	7.8
S733	财经研究	131	0.99	131	48.1	2.6	19	63	0.01	0.90	9.3
S734	财贸经济	126	0.92	124	37.9	2.4	18	52	0.00	0.78	9.6
S735	财政研究	107	0.98	107	37.1	2.2	20	52	0.01	0.66	7.3
S159	产业经济研究	60	0.91	60	43.1	2.5	19	39	0.00	1.00	5.9
S736	城市发展研究	281	0.98	281	22.4	2.9	20	129	0.05	0.66	7.1
S737	城市问题	124	0.91	124	31.8	2.4	24	83	0.02	0.71	5.4
S443	重庆大学学报社会科学版	140	1.00	140	36.5	2.0	24	83	0.01	0.78	8.5
S892	大学图书馆学报	95	0.77	88	29.1	2.3	18	45	0.01	0.34	6.0
S738	当代财经	144	0.92	144	30.2	2.1	22	68	0.00	0.90	6.8
S160	当代电影	295	0.90	284	19.2	1.3	19	91	0.03	0.31	23.9
S739	当代经济科学	64	0.96	64	34.0	2.4	17	36	0.02	0.78	7.6
S740	当代经济研究	130	0.81	122	23.4	1.7	22	73	0.02	0.64	7.8
S161	当代青年研究	108	0.94	108	21.8	1.6	19	72	0.05	0.51	6.9
S162	当代外国文学	88	0.94	88	18.4	1.4	19	57	0.01	0.56	15.5
S164	当代亚太	30	0.71	30	124.2	1.6	9	21	0.00	0.67	11.7
S165	当代语言学	32	0.78	31	48.3	1.4	10	27	0.16	0.41	24.0
S166	当代作家评论	170	0.95	170	16.5	1.2	25	101	0.01	0.36	14.0
S167	党的文献	116	0.91	109	32.2	1.3	18	61	0.00	0.23	36.3
S608	档案学通讯	87	0.96	76	25.7	2.7	20	41	0.01	0.52	5.8
S609	档案学研究	125	0.98	124	23.6	2.0	23	55	0.01	0.64	5.1
S169	电影艺术	128	0.88	116	25.1	1.3	16	63	0.12	0.35	16.5
S170	东北大学学报社会科学版	94	1.00	94	23.9	1.7	17	45	0.00	0.85	8.6

表 4-2　2021 年社会科学领域中国科技核心期刊来源指标刊名字顺索引（续）

CODE	刊名	来源文献量	文献选出率	AR论文量	平均引文数	平均作者数	地区分布数	机构分布数	海外论文比	基金论文比	引用半衰期
S171	东北亚论坛	54	0.82	54	43.3	1.5	11	24	0.00	0.85	4.7
S172	东南大学学报哲学社会科学版	90	0.88	90	35.8	1.6	13	44	0.00	0.74	11.8
S173	东南文化	129	0.91	120	27.7	1.5	19	66	0.03	0.26	17.6
S174	东南学术	146	0.95	146	27.4	1.5	18	70	0.01	0.63	14.0
S175	敦煌学辑刊	75	0.93	73	41.8	1.3	15	35	0.01	0.69	46.2
S176	敦煌研究	94	0.90	92	28.5	1.8	15	47	0.05	0.70	24.4
S177	俄罗斯文艺	61	0.88	61	17.9	1.3	19	45	0.11	0.57	20.6
S621	法律科学-西北政法大学学报	95	0.97	95	70.6	1.0	16	52	0.00	0.62	12.4
S622	法商研究	85	0.93	85	59.3	1.0	19	44	0.00	0.69	8.3
S623	法学	149	0.93	149	67.5	1.0	18	62	0.00	0.69	25.4
S624	法学家	78	0.90	78	81.8	1.0	18	41	0.00	0.56	19.0
S178	法学论坛	91	1.00	91	47.6	1.3	17	48	0.00	0.63	8.6
S625	法学评论	103	0.95	102	60.3	1.1	13	44	0.01	0.53	18.0
S626	法学研究	70	0.99	70	92.9	1.1	14	37	0.03	0.49	43.8
S319	法学杂志	111	0.88	111	39.7	1.2	19	56	0.01	0.49	13.1
S627	法制与社会发展	69	0.85	69	85.9	1.0	14	35	0.01	0.64	9.2
S179	方言	56	0.97	56	25.5	1.2	16	38	0.05	0.52	20.1
S933	福建师范大学学报哲学社会科学版	94	0.94	92	39.4	1.6	16	49	0.03	0.78	7.2
S852	妇女研究论丛	61	0.87	59	46.9	1.4	8	34	0.08	0.43	13.9
S934	复旦学报社会科学版	110	0.94	110	52.8	1.4	12	33	0.03	0.56	34.1
S743	改革	141	0.84	141	25.4	2.2	20	65	0.01	0.75	5.0
S181	甘肃政法学院学报	72	1.00	72	54.8	1.1	18	43	0.01	0.57	10.3
S668	高等工程教育研究	183	0.97	181	16.9	2.8	21	107	0.03	0.63	4.7
S669	高等教育研究	152	0.95	141	28.4	1.6	16	63	0.01	0.57	15.0
J067	工业技术经济	219	1.00	219	24.1	2.5	27	110	0.02	0.72	5.7
S183	公共行政评论	62	0.84	61	51.4	2.2	14	35	0.06	0.77	9.5
S184	古汉语研究	47	0.89	47	36.5	1.4	18	31	0.02	0.79	27.5
S185	古籍整理研究学刊	111	0.93	96	35.5	1.3	24	77	0.02	0.54	50.8
S188	广东财经大学学报	49	0.63	49	39.8	2.2	14	37	0.02	0.82	6.8
S936	广西民族大学学报哲学社会科学版	123	0.92	123	39.4	1.4	18	56	0.03	0.60	15.9
S190	贵州财经大学学报	66	1.00	66	30.8	2.3	19	45	0.00	0.86	7.3
S746	国际金融研究	107	0.93	106	31.8	2.5	21	52	0.01	0.82	7.8
S747	国际经济合作	63	0.97	63	16.3	1.9	13	38	0.00	0.25	5.5
S831	国际经贸探索	84	1.00	84	38.5	2.2	19	48	0.01	0.83	7.2
S750	国际贸易问题	126	0.98	126	39.4	2.4	19	70	0.04	0.87	8.8
S192	国际商务-对外经济贸易大学学报	58	0.91	58	39.7	2.5	18	40	0.00	0.93	7.2
S751	国际商务研究	53	1.00	53	28.2	1.8	19	42	0.04	0.64	7.3
L042	国际石油经济	176	0.87	155	10.0	2.9	10	80	0.06	0.03	2.4
S194	国家检察官学院学报	63	1.00	63	50.9	1.3	11	29	0.02	0.59	16.1
S195	国家教育行政学院学报	133	0.95	132	17.8	1.7	23	83	0.01	0.67	5.0
S197	国家图书馆学刊	65	0.96	65	32.3	2.0	20	51	0.03	0.54	4.3
S199	海交史研究	30	0.71	30	83.6	1.5	13	27	0.13	0.53	94.3
S200	汉语学习	66	1.00	66	27.4	1.4	18	46	0.12	0.62	17.7

表 4-2　2021 年社会科学领域中国科技核心期刊来源指标刊名字顺索引（续）

CODE	刊名	来源文献量	文献选出率	AR论文量	平均引文数	平均作者数	地区分布数	机构分布数	海外论文比	基金论文比	引用半衰期
S204	河北师范大学学报教育科学版	106	0.89	105	23.7	1.7	22	71	0.01	0.69	7.5
S272	河海大学学报哲学社会科学版	79	0.88	79	24.4	2.1	17	42	0.03	0.81	5.9
S205	河南大学学报社会科学版	133	1.00	133	32.0	1.3	21	71	0.02	0.69	15.4
S206	红楼梦学刊	111	0.80	111	22.2	1.2	21	68	0.05	0.34	24.5
S209	湖南大学学报社会科学版	122	0.98	122	25.7	1.9	17	50	0.02	0.77	11.7
S210	湖南科技大学学报社会科学版	140	0.97	136	30.6	1.6	24	80	0.01	0.78	10.8
S211	湖南社会科学	137	0.96	137	19.9	1.6	23	92	0.01	0.64	7.9
S212	湖南师范大学教育科学学报	86	0.85	86	28.3	1.8	13	35	0.00	0.76	6.4
S213	湖南师范大学社会科学学报	107	1.00	107	28.0	1.5	18	58	0.01	0.81	10.0
S673	华东师范大学学报教育科学版	110	0.98	110	39.1	2.1	17	44	0.06	0.55	11.8
S939	华东师范大学学报哲学社会科学版	95	0.93	94	47.2	1.3	11	37	0.06	0.66	34.2
S214	华东政法大学学报	86	1.00	86	63.0	1.1	14	33	0.03	0.69	11.5
S940	华南师范大学学报社会科学版	101	0.94	101	36.6	1.8	12	41	0.02	0.74	13.4
S215	华侨华人历史研究	37	0.80	37	43.8	1.6	10	24	0.05	0.51	14.8
S941	华中师范大学学报人文社会科学版	124	0.91	122	32.0	1.6	17	52	0.01	0.68	14.8
S216	黄钟-武汉音乐学院学报	63	0.88	61	33.1	1.2	13	29	0.08	0.32	46.5
S942	吉林大学社会科学学报	133	0.93	133	31.6	1.7	17	48	0.01	0.76	13.6
S718	技术经济	185	0.95	185	35.3	2.7	27	113	0.05	0.83	7.4
S719	技术经济与管理研究	284	1.00	284	18.3	1.8	29	179	0.05	0.74	5.9
S832	价格理论与实践	466	0.90	459	12.8	2.3	30	265	0.01	0.47	3.8
S944	江海学刊	180	0.81	180	27.9	1.5	19	85	0.03	0.61	18.8
S674	江苏高教	255	0.97	246	15.7	1.7	23	125	0.00	0.60	6.8
S854	江苏社会科学	155	0.90	155	32.0	1.5	20	79	0.00	0.68	13.3
S219	江苏行政学院学报	97	0.90	97	19.9	1.7	16	52	0.00	0.77	9.5
S220	江西财经大学学报	75	0.93	73	30.6	1.7	17	45	0.03	0.88	7.0
S946	江西社会科学	314	0.90	314	24.0	1.6	25	142	0.01	0.74	11.7
S221	交响-西安音乐学院学报	88	0.94	88	14.9	1.1	17	40	0.01	0.34	17.6
S222	教师教育研究	108	1.00	108	22.8	2.2	20	52	0.04	0.71	8.4
S675	教学与研究	127	0.96	127	32.1	1.4	21	55	0.01	0.59	9.5
S223	教育财会研究	95	0.97	91	9.1	1.7	18	79	0.01	0.31	4.0
S676	教育发展研究	245	0.73	237	23.5	1.9	25	113	0.02	0.71	8.3
S677	教育科学	75	0.99	75	23.4	1.8	20	45	0.00	0.92	7.2
S415	教育生物学杂志	86	0.90	85	29.8	4.4	16	49	0.00	0.62	7.6
S224	教育学报	98	0.93	98	30.6	1.7	18	45	0.04	0.69	12.3
S681	教育研究	173	0.94	172	29.5	1.6	22	69	0.02	0.50	10.6
S682	教育研究与实验	85	1.00	85	22.6	1.9	17	41	0.01	0.72	11.6
S683	教育与经济	63	0.97	63	31.8	2.2	18	38	0.02	0.76	8.5
S225	解放军外国语学院学报	113	0.90	113	28.3	1.6	20	76	0.01	0.70	13.9
S226	金融经济学研究	61	1.00	61	31.9	2.5	19	41	0.03	0.97	6.0
S652	金融理论与实践	154	0.90	154	25.5	2.2	26	115	0.01	0.60	6.5
S227	金融论坛	96	0.89	94	32.8	2.3	22	64	0.01	0.70	7.7
S757	金融研究	132	1.00	132	38.6	2.8	13	48	0.08	0.86	9.5
S228	近代史研究	66	0.96	66	103.4	1.1	16	37	0.05	0.35	100.0

表 4-2　2021 年社会科学领域中国科技核心期刊来源指标刊名字顺索引（续）

CODE	刊名	来源文献量	文献选出率	AR论文量	平均引文数	平均作者数	地区分布数	机构分布数	海外论文比	基金论文比	引用半衰期
S759	经济管理	148	0.97	146	50.7	2.3	23	69	0.01	0.84	7.7
S760	经济经纬	96	0.96	96	28.8	2.1	22	65	0.00	0.91	6.3
S761	经济科学	73	0.87	66	31.7	2.4	15	32	0.03	0.79	9.8
S762	经济理论与经济管理	85	0.91	85	39.4	2.3	17	36	0.00	0.68	9.6
S764	经济评论	57	0.92	57	40.7	2.6	14	38	0.02	0.89	9.1
S765	经济社会体制比较	109	0.96	109	36.8	1.9	17	56	0.03	0.72	8.5
S767	经济体制改革	164	0.96	164	20.1	1.9	24	113	0.01	0.78	5.3
S768	经济问题	189	0.99	189	25.0	2.1	22	108	0.02	0.73	5.8
S769	经济问题探索	182	1.00	182	33.5	2.4	24	85	0.02	0.78	7.4
S229	经济学	106	0.95	106	42.4	2.6	17	47	0.08	0.85	12.2
S282	经济学报	34	0.89	34	53.0	2.4	11	17	0.00	0.76	10.7
S721	经济学动态	140	0.97	135	50.1	2.0	18	55	0.01	0.64	9.3
S771	经济学家	156	0.94	156	25.8	1.9	20	82	0.01	0.76	5.6
S772	经济研究	161	0.88	157	43.7	2.4	18	54	0.04	0.75	11.6
S230	经济与管理评论	77	0.97	77	27.0	2.2	17	45	0.03	0.83	6.6
S773	经济与管理研究	112	1.00	112	41.4	2.2	18	57	0.00	0.81	7.3
S774	经济纵横	165	0.88	165	22.2	1.9	23	81	0.00	0.56	6.6
S094	竞争情报	40	0.59	39	19.2	1.9	8	26	0.00	0.15	6.1
S232	军事运筹与系统工程	48	0.94	48	15.5	3.0	10	25	0.00	0.27	5.8
S233	开放教育研究	69	0.83	69	37.8	3.1	17	33	0.04	0.75	5.3
S234	开放时代	81	0.86	79	67.3	1.4	12	43	0.07	0.40	32.6
S155	开放学习研究	45	0.92	45	26.7	2.2	10	23	0.04	0.51	6.2
S235	抗日战争研究	49	0.86	48	89.1	1.1	11	27	0.08	0.29	100.0
S808	考古	99	0.92	99	36.9	1.9	21	26	0.03	0.45	24.5
S809	考古学报	24	0.96	24	59.8	1.8	14	13	0.00	0.42	22.6
S810	考古与文物	83	0.93	83	32.1	1.8	20	28	0.02	0.33	30.8
W027	科技与法律中英文版	95	0.95	95	33.6	1.5	18	45	0.00	0.57	8.2
S236	课程·教材·教法	247	0.93	231	15.5	1.7	24	86	0.02	0.51	7.6
S756	会计研究	164	0.98	159	35.8	2.8	20	77	0.01	0.83	10.4
S217	会计与经济研究	41	0.87	41	57.8	2.4	14	32	0.02	0.95	9.2
S947	兰州大学学报社会科学版	91	0.94	91	33.1	1.7	18	46	0.00	0.73	11.9
S237	理论探讨	136	0.94	136	17.3	1.7	21	83	0.00	0.92	5.6
S238	理论与改革	71	0.91	71	26.6	1.4	19	54	0.03	0.87	7.7
S239	历史教学问题	137	0.88	133	43.9	1.2	22	77	0.01	0.35	68.5
S240	历史研究	69	0.93	69	102.9	1.1	15	35	0.00	0.39	97.7
S242	林业经济问题	84	1.00	84	31.7	3.2	12	30	0.01	0.67	4.5
S243	鲁迅研究月刊	129	0.87	121	26.3	1.2	0	1	0.00	0.33	81.4
S245	旅游科学	35	0.97	35	58.8	2.8	16	26	0.09	0.80	8.7
S616	旅游学刊	193	0.98	125	41.9	2.5	25	100	0.08	0.62	9.5
S244	伦理学研究	118	0.97	115	19.1	1.2	22	73	0.01	0.66	15.0
S246	马克思主义研究	166	0.76	166	44.5	1.0	22	80	0.00	0.48	8.7
S247	马克思主义与现实	152	0.86	148	29.5	1.3	20	65	0.03	0.49	100.0
S637	煤炭经济研究	160	0.91	160	16.2	2.2	20	90	0.02	0.36	3.8

表 4-2　2021 年社会科学领域中国科技核心期刊来源指标刊名字顺索引（续）

CODE	刊名	来源文献量	文献选出率	AR论文量	平均引文数	平均作者数	地区分布数	机构分布数	海外论文比	基金论文比	引用半衰期
S248	美术研究	117	0.89	94	25.4	1.2	17	51	0.02	0.32	33.3
S249	民族教育研究	127	0.93	125	24.1	2.0	23	59	0.02	0.75	6.8
S251	民族文学研究	105	0.97	105	46.4	1.2	28	65	0.00	0.60	38.1
S252	民族研究	60	0.78	60	62.7	1.6	14	32	0.00	0.67	31.2
S253	民族艺术	94	0.82	93	31.6	1.5	19	59	0.02	0.60	18.2
S254	明清小说研究	72	0.97	72	27.4	1.2	18	54	0.04	0.61	27.5
S255	南方文坛	198	0.91	163	13.2	1.1	26	97	0.03	0.26	17.9
S950	南京大学学报哲学・人文科学・社会科学	72	0.84	72	61.6	1.4	17	40	0.03	0.64	34.9
S858	南京社会科学	239	0.92	239	28.5	1.5	21	100	0.00	0.68	10.2
S777	南开经济研究	77	1.00	77	43.3	2.4	18	48	0.04	0.81	10.1
S953	南开学报哲学社会科学版	112	0.99	110	48.1	1.5	21	57	0.01	0.71	32.3
S839	农村经济	196	0.94	196	21.2	2.3	23	97	0.01	0.80	5.0
S778	农业技术经济	119	0.87	119	40.2	2.7	23	50	0.01	0.87	7.7
S779	农业经济问题	148	0.85	148	34.5	2.4	18	74	0.01	0.76	6.6
S639	企业经济	206	0.93	206	24.5	2.0	25	142	0.04	0.86	5.7
S258	青年探索	59	0.86	59	22.1	1.8	17	46	0.05	0.39	6.4
S259	青年研究	49	0.84	49	43.4	2.0	9	35	0.06	0.47	9.5
S260	青少年犯罪问题	77	0.94	77	38.8	1.4	18	38	0.04	0.52	7.0
S687	清华大学教育研究	100	1.00	90	33.7	1.9	15	50	0.10	0.47	10.9
S955	清华大学学报哲学社会科学版	98	0.92	94	72.2	1.3	19	52	0.05	0.55	100.0
S844	情报工程	60	0.94	60	24.4	3.1	14	48	0.02	0.55	5.5
S846	情报科学	296	0.97	296	27.6	2.8	25	117	0.01	0.71	5.1
S847	情报理论与实践	332	0.92	331	30.3	2.9	25	126	0.02	0.71	4.7
W020	情报学报	117	0.90	117	39.6	3.5	16	51	0.02	0.92	6.3
S848	情报杂志	344	0.98	340	27.3	2.3	26	151	0.01	0.63	4.1
S849	情报资料工作	71	0.97	71	38.3	2.6	16	35	0.01	0.69	4.1
S261	求实	46	0.82	46	27.1	1.4	17	38	0.00	0.30	7.6
S956	求是	279	0.73	241	0.0	1.1	24	62	0.00	0.00	0.0
S958	求索	133	0.97	133	28.6	1.1	19	78	0.00	0.90	13.3
S688	全球教育展望	113	0.97	113	29.5	1.7	13	44	0.04	0.53	10.7
S106	全球科技经济瞭望	131	0.98	131	14.1	2.3	11	37	0.00	0.27	2.1
S860	人口研究	55	0.93	55	24.5	2.4	11	28	0.02	0.71	10.2
S862	人口与经济	53	0.98	53	38.3	2.0	17	40	0.02	0.81	10.1
S628	人民检察	387	0.70	229	5.6	1.7	26	164	0.00	0.05	4.5
S263	人民音乐	198	0.76	166	9.6	1.2	23	86	0.04	0.25	28.3
S617	人文地理	125	0.94	123	47.3	3.0	21	59	0.03	0.95	8.0
S819	软科学	254	0.95	254	27.8	2.6	24	140	0.01	0.91	6.0
S264	山东大学学报哲学社会科学版	106	0.95	106	44.6	1.8	16	52	0.02	0.69	12.0
S961	山西财经大学学报	109	0.54	109	35.7	2.2	20	49	0.01	0.83	6.9
S964	陕西师范大学学报哲学社会科学版	91	0.93	91	33.7	1.5	14	43	0.01	0.70	10.1
S834	商业经济与管理	87	0.97	87	44.8	2.3	20	59	0.02	0.95	8.0
S835	商业研究	98	0.95	98	26.6	2.1	24	67	0.02	0.90	8.8
S265	上海财经大学学报哲学社会科学版	60	1.00	60	47.1	2.2	16	40	0.03	0.92	6.6

表 4-2 2021 年社会科学领域中国科技核心期刊来源指标刊名字顺索引（续）

CODE	刊名	来源文献量	文献选出率	AR论文量	平均引文数	平均作者数	地区分布数	机构分布数	海外论文比	基金论文比	引用半衰期
S965	上海大学学报社会科学版	63	0.94	63	30.4	1.6	15	39	0.03	0.70	12.5
S266	上海翻译	106	0.91	100	21.0	1.6	24	71	0.00	0.74	11.2
S268	上海金融	83	0.86	83	37.4	2.3	18	58	0.00	0.51	9.1
S781	上海经济研究	119	0.92	118	39.7	2.1	20	57	0.01	0.72	8.5
S269	上海师范大学学报哲学社会科学版	93	0.97	92	45.2	1.2	15	54	0.08	0.59	34.1
S883	上海体育学院学报	111	0.93	106	40.1	3.1	18	53	0.02	0.79	6.4
S267	上海行政学院学报	57	0.90	57	31.2	1.8	18	35	0.00	0.84	7.6
S270	社会	46	0.90	46	80.3	1.6	12	30	0.11	0.35	18.8
S271	社会保障研究	64	0.91	64	36.9	2.1	18	44	0.05	0.72	9.4
S863	社会科学	200	0.90	200	55.4	1.3	24	90	0.02	0.65	18.5
S865	社会科学研究	134	0.99	134	37.0	1.5	21	77	0.02	0.61	13.7
S866	社会科学战线	374	0.91	374	39.9	1.5	25	131	0.02	0.70	18.5
S867	社会学研究	60	0.85	60	61.7	1.7	10	27	0.05	0.55	12.7
S276	社会主义研究	130	0.98	130	29.9	1.4	22	88	0.00	0.81	8.0
S782	审计研究	73	0.89	73	18.6	2.6	19	44	0.01	0.75	7.0
S784	生态经济	396	0.95	396	24.2	2.6	28	230	0.01	0.77	6.0
S278	史学月刊	163	0.93	161	62.9	1.1	19	66	0.03	0.50	87.7
S691	世界汉语教学	40	0.91	39	43.8	1.8	13	29	0.15	0.60	17.6
S785	世界经济	104	0.89	104	55.9	2.6	17	48	0.03	0.90	11.9
S787	世界经济研究	108	0.84	108	40.3	2.4	20	59	0.02	0.82	9.0
S788	世界经济与政治	71	0.76	71	99.6	1.5	13	32	0.00	0.52	9.3
S789	世界经济与政治论坛	44	0.90	44	53.1	1.7	15	33	0.07	0.73	6.0
A201	世界科技研究与发展	60	0.86	60	30.6	3.3	15	35	0.00	0.38	2.7
S285	世界民族	65	0.97	64	59.5	1.3	21	47	0.03	0.77	18.0
S286	世界宗教文化	150	0.96	149	31.5	1.2	22	82	0.03	0.48	29.7
S287	世界宗教研究	109	0.82	106	52.2	1.3	19	50	0.04	0.56	63.0
S850	数据分析与知识发现	145	0.94	144	34.8	3.5	22	70	0.02	0.73	5.7
S790	数量经济技术经济研究	112	0.98	112	36.6	2.4	19	69	0.02	0.79	8.3
B523	数学教育学报	95	0.98	95	27.3	2.8	22	54	0.15	0.80	8.1
W022	数字图书馆论坛	90	0.60	89	21.3	2.6	21	56	0.01	0.44	2.3
S656	税务与经济	85	1.00	85	24.9	1.8	15	54	0.04	0.62	7.5
S290	思想教育研究	325	0.96	324	13.6	1.7	24	126	0.00	0.77	7.0
S291	思想理论教育导刊	282	0.90	269	11.7	1.3	27	129	0.00	0.49	6.1
S292	思想战线	105	0.96	104	40.8	1.4	18	51	0.02	0.70	13.3
S967	四川大学学报哲学社会科学版	113	0.99	113	54.0	1.2	21	54	0.00	0.67	47.7
S294	苏州大学学报哲学社会科学版	117	1.00	117	32.1	1.5	16	53	0.03	0.78	13.5
S295	台湾研究	69	0.91	63	28.7	1.6	10	32	0.04	0.49	10.6
S296	台湾研究集刊	60	0.88	60	49.9	1.6	11	26	0.07	0.73	26.6
S297	探索	88	0.92	88	31.9	1.3	20	57	0.00	0.84	4.4
S884	体育科学	118	0.99	118	43.4	2.8	19	50	0.04	0.82	7.8
S880	体育学刊	130	1.00	130	23.4	2.6	19	73	0.02	0.78	6.9
S885	体育与科学	96	0.98	96	31.2	2.1	19	67	0.01	0.67	9.6
S886	天津体育学院学报	103	1.00	103	27.7	2.7	18	59	0.01	0.79	7.1

表 4-2 2021 年社会科学领域中国科技核心期刊来源指标刊名字顺索引（续）

CODE	刊名	来源文献量	文献选出率	AR论文量	平均引文数	平均作者数	地区分布数	机构分布数	海外论文比	基金论文比	引用半衰期
S793	统计研究	137	0.97	137	32.7	2.6	20	60	0.04	0.85	10.4
S293	统计与决策	975	0.97	954	12.8	2.3	30	370	0.00	0.79	6.7
S306	统计与信息论坛	138	0.99	138	22.5	2.5	26	86	0.00	0.84	6.4
S895	图书馆建设	141	0.93	126	25.1	1.7	21	78	0.01	0.42	4.3
S897	图书馆论坛	236	0.92	214	24.5	2.1	23	109	0.01	0.48	4.5
S308	图书馆学研究	290	1.00	290	27.8	2.1	27	149	0.01	0.64	3.2
S899	图书情报工作	357	0.90	355	38.2	2.8	25	119	0.01	0.65	4.1
S900	图书情报知识	72	0.78	72	46.4	2.7	15	32	0.01	0.78	4.6
S901	图书与情报	107	0.95	103	24.1	2.3	20	62	0.00	0.68	3.7
S694	外国教育研究	103	0.90	103	30.7	1.9	20	47	0.03	0.74	6.8
S795	外国经济与管理	110	1.00	110	42.1	2.9	19	64	0.03	0.91	7.0
S314	外国文学	100	1.00	100	25.8	1.0	19	57	0.00	0.52	19.5
S315	外国文学评论	41	0.84	41	74.9	1.0	11	27	0.12	0.63	37.6
S316	外国文学研究	80	0.84	79	23.3	1.1	18	51	0.13	0.54	20.4
S317	外国语	72	0.91	72	34.6	1.7	13	43	0.08	0.64	14.3
S318	外国语文-四川外语学院学报	107	0.93	107	27.7	1.7	19	57	0.01	0.69	11.9
S320	外交评论	30	0.88	30	92.3	1.4	8	17	0.03	0.47	10.1
S697	外语教学	116	0.94	116	33.0	1.8	15	62	0.04	0.71	11.1
S698	外语教学与研究	71	0.76	71	30.9	1.8	19	54	0.13	0.79	15.0
S323	外语界	70	0.99	69	26.8	2.0	13	47	0.07	0.70	6.8
S699	外语与外语教学	87	0.94	87	32.5	1.8	20	52	0.03	0.77	12.2
S973	文史哲	90	0.91	88	74.4	1.2	16	46	0.04	0.43	100.0
S811	文物	96	0.89	91	26.2	1.7	21	39	0.01	0.36	28.0
A906	文物保护与考古科学	93	0.98	93	21.6	3.9	21	55	0.02	0.57	10.2
S327	文学评论	142	0.95	142	35.9	1.0	20	70	0.01	0.54	25.7
S328	文学遗产	98	0.89	96	52.7	1.0	17	51	0.01	0.56	87.8
S329	文艺理论研究	126	0.95	125	32.6	1.1	19	81	0.07	0.58	21.7
S330	文艺理论与批评	82	0.87	82	30.7	1.2	11	45	0.05	0.29	65.6
S331	文艺评论	79	0.88	79	17.2	1.2	22	60	0.00	0.51	17.6
S332	文艺研究	147	0.84	147	39.8	1.1	17	63	0.01	0.53	35.2
S333	文艺争鸣	380	0.93	321	16.9	1.2	24	109	0.04	0.34	19.1
S334	武汉大学学报哲学社会科学版	90	1.00	90	31.2	1.4	19	46	0.00	0.89	11.4
S887	武汉体育学院学报	157	0.99	157	26.9	2.8	21	72	0.03	0.94	5.7
C509	物理与工程	151	0.93	140	10.5	3.6	25	90	0.01	0.35	7.4
S336	西安交通大学学报社会科学版	96	0.99	96	24.3	2.2	17	34	0.01	0.84	6.9
S881	西安体育学院学报	100	0.99	100	27.4	2.8	17	59	0.04	0.85	6.0
S576	西安外国语大学学报	99	0.96	98	23.9	1.7	21	68	0.02	0.67	12.5
S975	西北大学学报哲学社会科学版	97	0.94	97	30.8	1.8	15	33	0.00	0.81	11.9
S150	西北农林科技大学学报社会科学版	102	0.90	102	30.1	2.1	18	49	0.01	0.87	5.5
S340	西南大学学报社会科学版	132	0.96	130	33.8	1.8	19	59	0.02	0.76	10.4
S341	西南民族大学学报人文社科版	353	1.00	353	31.7	1.6	30	157	0.01	0.75	9.9
S342	戏剧-中央戏剧学院学报	77	0.85	77	23.1	1.3	11	42	0.10	0.39	23.0
S978	厦门大学学报哲学社会科学版	95	0.99	95	46.5	1.7	18	32	0.00	0.69	24.8

表 4-2　2021 年社会科学领域中国科技核心期刊来源指标刊名字顺索引（续）

CODE	刊名	来源文献量	文献选出率	AR论文量	平均引文数	平均作者数	地区分布数	机构分布数	海外论文比	基金论文比	引用半衰期
S343	现代财经-天津财经大学学报	80	0.99	80	43.3	2.5	21	52	0.01	0.85	7.8
S906	现代传播	340	0.97	337	23.0	1.6	24	109	0.02	0.63	9.8
S630	现代法学	87	0.97	87	57.7	1.0	17	46	0.00	0.77	10.6
S309	现代情报	209	0.98	209	35.4	2.7	24	95	0.00	0.81	5.4
S346	湘潭大学学报哲学社会科学版	187	0.99	187	23.5	1.8	18	70	0.00	0.72	11.5
S836	消费经济	56	0.90	55	32.6	2.3	14	39	0.04	0.86	8.4
S348	小说评论	146	0.93	139	10.4	1.1	20	77	0.03	0.27	10.0
S700	心理发展与教育	103	1.00	103	60.7	3.9	18	57	0.01	0.85	9.8
S349	新疆师范大学学报哲学社会科学版	71	0.93	71	31.9	1.9	17	47	0.00	0.66	7.3
S350	新视野	109	1.00	109	16.6	1.6	16	67	0.02	0.58	8.7
S351	新文学史料	103	0.93	94	14.0	1.1	18	42	0.00	0.31	80.0
S907	新闻大学	96	0.76	96	49.6	1.7	19	49	0.05	0.64	12.5
S909	新闻与传播研究	85	0.82	84	76.4	1.6	19	49	0.02	0.59	15.4
S582	刑事技术	107	0.86	105	15.4	5.3	21	63	0.00	0.41	7.0
S201	行政论坛	108	0.90	108	31.2	1.6	20	67	0.01	0.92	6.9
S354	学海	154	0.96	154	32.4	1.4	16	80	0.01	0.58	13.3
S703	学前教育研究	130	0.84	130	29.4	2.1	23	91	0.04	0.88	8.7
S981	学术研究	268	0.88	265	36.4	1.5	23	96	0.02	0.65	35.0
S982	学术月刊	211	0.95	211	62.8	1.4	21	78	0.03	0.56	30.4
S704	学位与研究生教育	160	0.94	160	17.9	2.4	21	84	0.02	0.49	6.8
S361	学习论坛	102	0.96	102	19.2	1.5	22	66	0.00	0.73	6.4
S983	学习与探索	274	0.90	274	19.9	1.6	25	121	0.03	0.67	12.2
S363	学校党建与思想教育	679	0.94	212	5.1	1.6	30	318	0.00	0.62	5.0
S799	亚太经济	98	0.94	98	20.4	2.1	23	74	0.02	0.73	5.2
G865	医学信息学杂志	210	0.93	209	16.0	3.8	24	124	0.00	0.38	3.5
G308	医学与哲学	392	0.93	377	21.7	2.7	28	213	0.01	0.53	6.4
S366	艺术百家	154	0.90	153	20.9	1.4	20	89	0.00	0.63	14.4
S367	音乐研究	82	0.93	82	34.0	1.2	19	51	0.02	0.60	58.6
S368	语言教学与研究	66	0.89	57	31.5	1.6	17	42	0.06	0.59	17.4
S369	语言文字应用	51	0.91	51	35.2	1.8	17	32	0.06	0.80	12.2
S370	语言研究	67	0.97	66	27.3	1.3	18	50	0.04	0.87	25.0
S822	预测	78	0.99	78	30.5	2.6	16	55	0.00	0.92	8.0
S372	云南财经大学学报	95	1.00	95	33.6	2.1	18	60	0.02	0.73	7.4
S374	云南民族大学学报哲学社会科学版	106	0.94	106	35.6	1.5	26	72	0.00	0.78	13.3
S922	哲学动态	161	0.89	154	27.4	1.1	22	69	0.03	0.50	32.9
S923	哲学研究	147	0.90	147	23.4	1.0	20	56	0.00	0.59	20.4
S986	浙江大学学报人文社会科学版	104	0.81	104	44.6	1.7	14	40	0.03	0.75	14.0
S987	浙江社会科学	215	0.97	212	28.3	1.5	21	90	0.02	0.70	13.0
G352	证据科学	52	1.00	52	71.3	1.5	12	26	0.12	0.42	13.8
S659	证券市场导报	91	0.88	91	35.3	2.1	18	62	0.00	0.64	7.7
S619	政法论坛	90	0.94	90	49.7	1.1	15	40	0.00	0.51	13.4
S382	政治学研究	85	0.89	82	41.8	1.4	15	42	0.01	0.59	12.5
S383	政治与法律	143	0.96	143	56.6	1.0	19	63	0.01	0.66	14.2

表 4-2 2021 年社会科学领域中国科技核心期刊来源指标刊名字顺索引（续）

CODE	刊名	来源文献量	文献选出率	AR论文量	平均引文数	平均作者数	地区分布数	机构分布数	海外论文比	基金论文比	引用半衰期
S384	职教论坛	296	0.92	296	15.0	1.9	25	181	0.00	0.71	4.4
S386	中共党史研究	80	0.95	79	72.6	1.2	12	44	0.01	0.43	92.0
S390	中共浙江省委党校学报	76	0.92	71	36.6	1.7	15	42	0.01	0.72	7.0
S193	中共中央党校（国家行政学院）学报	87	0.97	87	23.9	1.5	14	45	0.00	0.46	7.8
S392	中国比较文学	67	0.93	67	26.7	1.2	13	40	0.07	0.58	21.9
S393	中国边疆史地研究	77	0.94	77	67.6	1.3	20	44	0.00	0.52	100.0
S304	中国大学教学	185	0.94	181	9.1	1.9	24	112	0.01	0.37	4.6
S396	中国党政干部论坛	263	0.91	187	0.0	1.0	26	117	0.00	0.00	0.0
S397	中国地方志	72	0.86	71	54.4	1.1	20	58	0.00	0.43	100.0
S398	中国地质大学学报社会科学版	74	0.99	74	35.5	1.9	18	51	0.00	0.80	7.1
S633	中国法学	91	1.00	91	73.8	1.0	15	43	0.00	0.51	19.4
S400	中国翻译	144	0.89	140	19.0	1.4	19	74	0.08	0.47	13.9
S401	中国改革	101	0.94	74	0.1	1.3	8	52	0.02	0.02	0.0
S664	中国高教研究	193	0.91	187	19.2	1.9	18	82	0.02	0.61	5.7
S800	中国工业经济	128	0.93	127	44.1	2.6	18	53	0.01	0.88	10.2
S404	中国海商法研究	47	0.90	47	43.5	1.5	13	31	0.02	0.62	18.2
S823	中国科技翻译	65	0.92	56	8.8	1.6	21	59	0.05	0.43	11.5
A583	中国科技期刊研究	206	0.94	205	23.8	3.2	22	136	0.00	0.29	2.9
S133	中国科技资源导刊	80	0.92	80	18.8	3.4	17	51	0.00	0.40	4.4
S410	中国劳动	37	0.97	37	30.8	2.2	9	22	0.03	0.46	6.5
S618	中国历史地理论丛	73	0.92	70	70.1	1.2	22	43	0.00	0.52	100.0
S838	中国流通经济	136	0.95	136	36.6	1.7	26	93	0.01	0.77	5.9
S414	中国穆斯林	103	0.69	68	12.0	1.2	17	53	0.00	0.24	31.8
S803	中国农村观察	49	0.89	49	44.4	2.2	14	31	0.00	0.84	10.7
S804	中国农村经济	100	0.93	95	42.3	2.5	19	48	0.02	0.73	9.8
H221	中国农业资源与区划	360	0.83	344	25.0	3.2	30	173	0.01	0.78	6.0
S417	中国青年社会科学	99	0.95	99	20.2	1.8	16	61	0.02	0.39	8.7
S416	中国青年研究	172	0.97	172	24.9	1.7	18	98	0.02	0.51	7.6
S874	中国人口科学	56	0.86	56	25.3	2.2	18	37	0.02	0.71	5.3
S419	中国人力资源开发	105	0.89	96	55.6	2.7	24	72	0.03	0.87	7.3
S990	中国人民大学学报	103	0.95	96	37.3	1.5	14	29	0.01	0.50	14.0
S875	中国社会科学	120	0.91	120	64.9	1.3	20	52	0.00	0.48	27.5
S587	中国司法鉴定	95	0.94	83	20.2	3.3	22	57	0.00	0.44	8.3
S714	中国特殊教育	163	0.92	162	35.6	2.9	25	80	0.04	0.60	7.9
S888	中国体育科技	149	0.94	149	44.5	3.8	22	72	0.05	0.79	8.3
S902	中国图书馆学报	56	0.98	53	38.0	2.4	8	30	0.04	0.63	5.9
S426	中国文化研究	61	0.91	61	42.5	1.2	16	37	0.02	0.41	0.0
S427	中国现代文学研究丛刊	197	0.91	196	30.7	1.1	21	94	0.03	0.39	28.1
S428	中国刑事法杂志	60	1.00	60	50.8	1.0	14	32	0.00	0.50	6.9
S405	中国行政管理	276	0.86	222	26.3	1.8	28	117	0.02	0.71	8.5
G911	中国医学伦理学	284	0.96	280	14.5	3.4	26	161	0.01	0.37	4.2
S429	中国音乐	146	0.92	145	29.2	1.2	23	64	0.06	0.40	27.4
S430	中国音乐学	62	0.91	60	31.0	1.3	19	40	0.02	0.48	65.1

表 4-2 2021 年社会科学领域中国科技核心期刊来源指标刊名字顺索引（续）

CODE	刊名	来源文献量	文献选出率	AR论文量	平均引文数	平均作者数	地区分布数	机构分布数	海外论文比	基金论文比	引用半衰期
S715	中国语文	61	0.84	59	48.8	1.3	12	37	0.05	0.61	25.5
G131	中国运动医学杂志	137	0.91	136	36.2	5.0	21	67	0.03	0.74	7.0
S432	中国职业技术教育	528	0.99	521	12.7	2.0	30	307	0.00	0.70	3.7
S807	中国资产评估	117	0.85	116	10.7	2.4	21	72	0.01	0.21	6.5
S434	中国宗教	324	0.59	28	0.0	1.1	29	173	0.00	0.09	0.0
S435	中华文化论坛	80	0.82	80	46.8	1.3	17	48	0.04	0.54	43.5
S992	中南财经政法大学学报	78	0.93	78	34.2	2.1	20	55	0.00	0.81	8.1
S993	中南民族大学学报人文社会科学版	229	0.91	228	22.3	1.6	27	99	0.00	0.73	9.5
S994	中山大学学报社会科学版	121	0.89	116	49.1	1.3	17	59	0.09	0.62	49.7
S634	中外法学	83	0.93	83	83.1	1.0	14	40	0.02	0.60	34.3
S440	中央财经大学学报	124	0.93	122	41.1	2.4	22	59	0.02	0.76	8.9
S441	中央音乐学院学报	51	0.88	50	31.8	1.1	14	26	0.04	0.33	29.2
S996	中州学刊	303	0.96	300	24.1	1.5	26	150	0.01	0.69	11.6
S444	装饰	234	0.58	213	22.4	1.9	23	114	0.12	0.47	18.2
S728	资源开发与市场	216	0.99	216	29.2	3.1	27	114	0.00	0.86	6.2
S446	资源与产业	67	0.92	67	27.7	2.8	17	34	0.01	0.73	5.3
S926	自然辩证法研究	236	0.93	235	19.4	1.4	27	115	0.02	0.69	15.0
S448	宗教学研究	147	0.91	146	38.9	1.2	21	74	0.01	0.64	41.9

5 2021年各学科分类期刊整体情况

表5-1 2021年各学科分类期刊数量、核心总被引频次和核心影响因子（社会科学）

表号	学科分类	期刊数量	核心总被引频次		核心影响因子	
			平均值	中值	平均值	中值
表6-1	社会科学综合	22	1101	808	0.765	0.504
表6-2	社会科学综合大学学报	35	488	482	0.642	0.555
表6-3	社会科学师范大学学报	9	464	418	0.661	0.570
表6-4	马克思主义	5	522	496	0.576	0.568
表6-5	哲学	6	883	653	0.401	0.377
表6-6	宗教学	5	124	104	0.083	0.097
表6-7	语言学综合	12	404	308	0.400	0.397
表6-8	外国语言学	8	388	407	0.579	0.620
表6-9	中国文学	13	285	239	0.154	0.126
表6-10	外国文学	5	110	109	0.088	0.090
表6-11	艺术学	19	247	232	0.157	0.148
表6-12	历史学	10	549	335	0.330	0.176
表6-13	考古学	6	794	483	0.304	0.307
表6-14	经济学综合	27	2001	1123	1.989	1.440
表6-15	经济大学学报	9	506	394	1.048	0.941
表6-16	国民经济学、管理经济学、数量经济学	12	824	620	0.947	0.937
表6-17	会计学、审计学	3	1778	1101	1.344	1.349
表6-18	生态农业经济学	9	2149	2368	1.997	1.301
表6-19	工商业经济学	16	1544	902	1.675	1.109
表6-20	财政学、金融学、保险学	17	1377	647	1.689	1.471
表6-21	政治学综合	11	593	407	0.773	0.287
表6-22	政治大学学报	6	501	386	0.777	0.762
表6-23	行政学	3	1486	700	1.556	1.650
表6-24	国际政治学、外交学	4	448	283	1.362	1.293
表6-25	法学综合	18	1173	1050	1.615	1.368
表6-26	部门法学、刑事侦查学、司法鉴定学	7	353	316	0.618	0.447
表6-27	军事学	2	212	212	0.454	0.454
表6-28	社会学综合	11	1042	433	1.172	0.825
表6-29	人口学、劳动科学	6	819	798	1.475	1.423
表6-30	民族学与文化学	5	254	156	0.243	0.318
表6-31	新闻学与传播学	5	993	969	0.990	0.886
表6-32	图书馆学、文献学	12	1243	1028	1.510	1.260
表6-33	情报学	13	1761	1203	1.467	1.558
表6-34	档案学、博物馆学	2	602	602	1.015	1.015
表6-35	教育学综合	16	749	554	0.778	0.748

表 5-1　2021 年各学科分类期刊数量、核心总被引频次和核心影响因子（社会科学）（续）

表号	学科分类	期刊数量	核心总被引频次		核心影响因子	
			平均值	中值	平均值	中值
表 6-36	学前教育学、普通教育学	7	500	449	0.552	0.371
表 6-37	高等教育学	7	944	799	0.821	0.720
表 6-38	成人教育学、职业技术教育学	5	582	570	0.597	0.506
表 6-39	体育科学	10	919	806	1.046	0.875
表 6-40	统计学	3	2458	2371	1.369	0.926

6　2021 年各学科分类期刊指标情况

社会科学综合

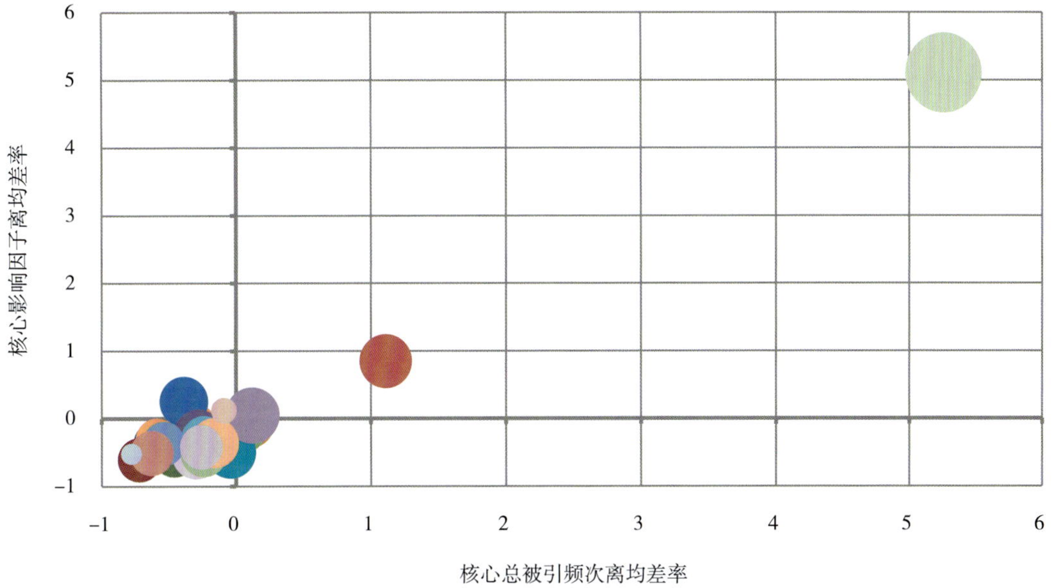

2021 年社会科学综合类期刊核心总被引频次和核心影响因子离均差率的分布图
（节点大小表示综合评价总分）

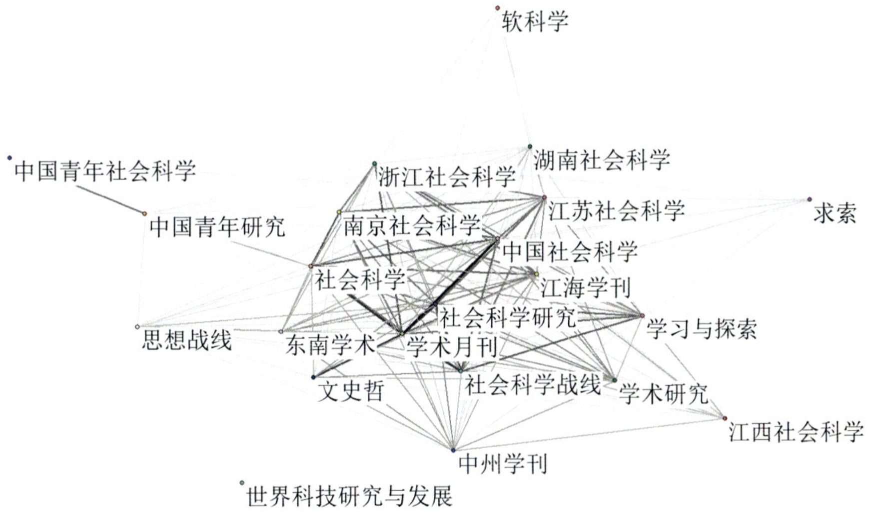

2021 年社会科学综合类期刊互引关系示意图

表 6-1　2021 年社会科学综合类期刊主要指标

CODE	刊名	核心总被引频次			核心影响因子			综合评价总分		学科扩散指标	学科影响指标	红点指标
		数值	排名	离均差率	数值	排名	离均差率	数值	排名			
S174	东南学术	442	19	−0.60	0.482	14	−0.37	28.8	15	10.41	0.68	0.40
S211	湖南社会科学	304	21	−0.72	0.302	22	−0.61	27.2	17	9.09	0.50	0.52
S944	江海学刊	597	16	−0.46	0.366	20	−0.52	30.2	14	11.86	0.77	0.34
S854	江苏社会科学	746	14	−0.32	0.660	8	−0.14	35.0	10	13.68	0.86	0.29
S946	江西社会科学	775	13	−0.30	0.357	21	−0.53	31.5	12	15.59	0.73	0.29
S858	南京社会科学	1213	4	0.10	0.730	6	−0.05	37.9	6	17.36	0.82	0.36
S958	求索	677	15	−0.39	0.956	3	0.25	35.7	8	13.09	0.77	0.38
S819	软科学	2323	2	1.11	1.417	2	0.85	40.4	4	17.95	0.55	0.23
S863	社会科学	1149	5	0.04	0.683	7	−0.11	41.2	3	17.36	0.91	0.29
S865	社会科学研究	798	12	−0.28	0.577	9	−0.25	37.5	7	14.82	0.86	0.25
S866	社会科学战线	1056	6	−0.04	0.386	16	−0.50	38.0	5	16.77	0.91	0.32
A201	世界科技研究与发展	448	18	−0.59	0.517	11	−0.32	27.1	18	13.82	0.09	0.20
S292	思想战线	507	17	−0.54	0.485	13	−0.37	26.8	20	8.86	0.59	0.38
S973	文史哲	407	20	−0.63	0.376	18	−0.51	27.8	16	7.32	0.68	0.31
S981	学术研究	841	9	−0.24	0.386	16	−0.50	32.9	11	15.18	0.77	0.29
S982	学术月刊	1233	3	0.12	0.804	5	0.05	44.0	2	15.27	0.91	0.24
S983	学习与探索	835	10	−0.24	0.527	10	−0.31	31.1	13	13.73	0.82	0.40
S987	浙江社会科学	921	8	−0.16	0.491	12	−0.36	35.1	9	15.05	0.86	0.36
S417	中国青年社会科学	245	22	−0.78	0.367	19	−0.52	6.2	22	5.05	0.50	0.52
S416	中国青年研究	997	7	−0.09	0.854	4	0.12	9.6	21	10.27	0.55	0.34
S875	中国社会科学	6889	1	5.26	4.675	1	5.11	89.1	1	23.86	0.95	0.30
S996	中州学刊	818	11	−0.26	0.442	15	−0.42	27.0	19	14.14	0.82	0.33
	22 种期刊平均值	1101			0. 765							

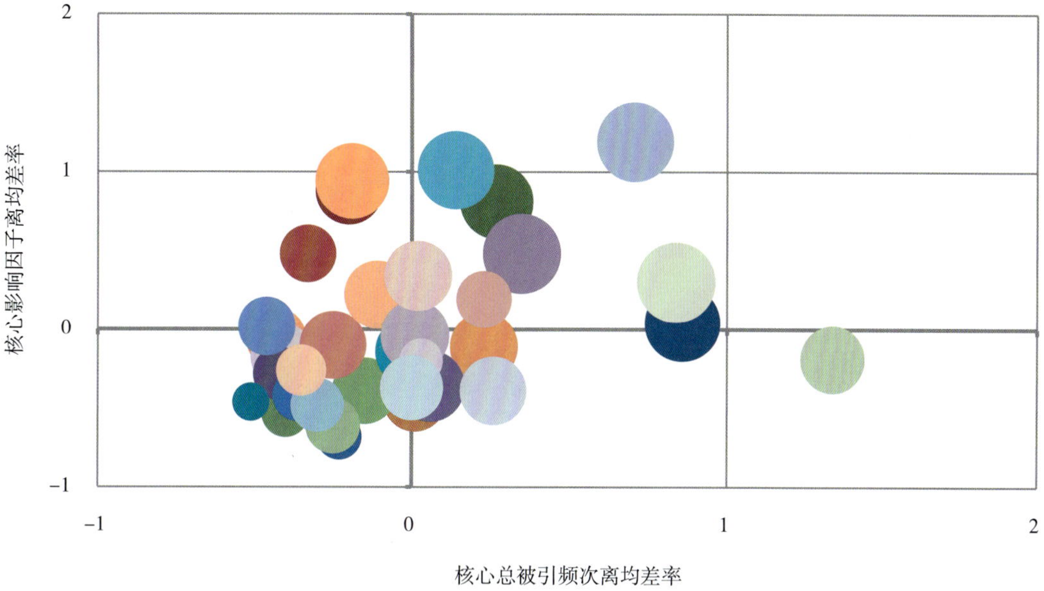

2021 年社会科学综合大学学报类期刊核心总被引频次和核心影响因子离均差率的分布图
（节点大小表示综合评价总分）

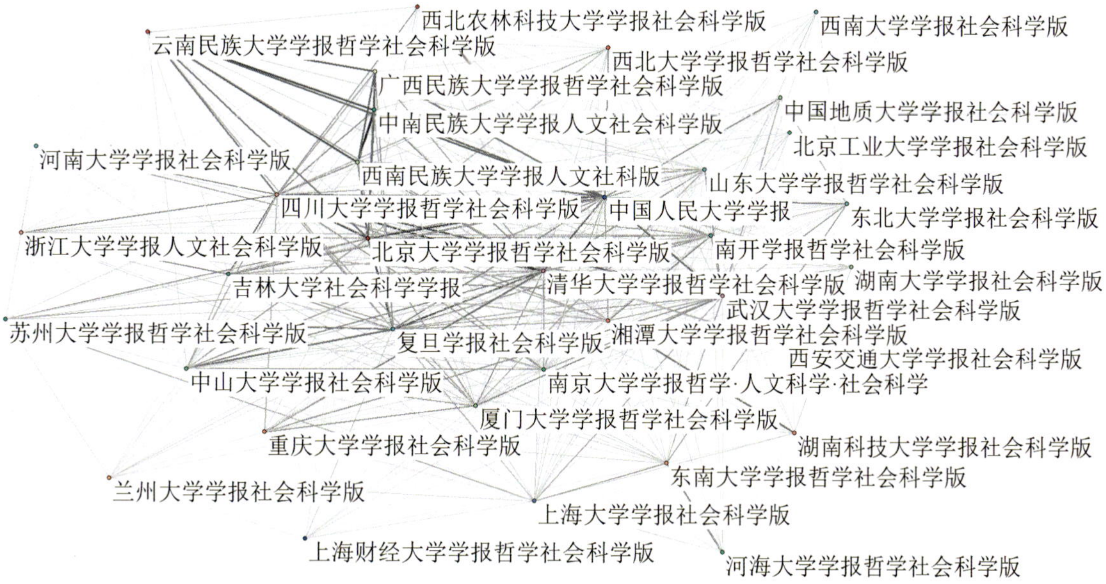

2021 年社会科学综合大学学报类期刊互引关系示意图

表 6-2　2021 年社会科学综合大学学报类期刊主要指标

CODE	刊名	核心总被引频次			核心影响因子			综合评价总分		学科扩散指标	学科影响指标	红点指标
		数值	排名	离均差率	数值	排名	离均差率	数值	排名			
S929	北京大学学报哲学社会科学版	909	2	0.86	0.670	12	0.04	60.1	5	9.46	0.89	0.32
S148	北京工业大学学报社会科学版	388	22	−0.20	1.208	4	0.88	48.3	14	6.00	0.51	0.54
S443	重庆大学学报社会科学版	622	6	0.27	1.164	5	0.81	58.3	7	8.11	0.69	0.43
S170	东北大学学报社会科学版	280	33	−0.43	0.601	15	−0.06	38.8	23	5.31	0.49	0.16
S172	东南大学学报哲学社会科学版	289	31	−0.41	0.536	19	−0.17	40.9	22	5.26	0.34	0.20
S934	复旦学报社会科学版	495	14	0.01	0.362	30	−0.44	44.6	20	7.09	0.74	0.24
S936	广西民族大学学报哲学社会科学版	376	23	−0.23	0.206	35	−0.68	21.7	33	4.80	0.40	0.28
S272	河海大学学报哲学社会科学版	325	27	−0.33	0.949	7	0.48	34.0	25	4.29	0.37	0.49
S205	河南大学学报社会科学版	294	30	−0.40	0.300	33	−0.53	24.3	32	4.89	0.51	0.24
S209	湖南大学学报社会科学版	285	32	−0.42	0.465	24	−0.28	29.3	29	5.06	0.37	0.30
S210	湖南科技大学学报社会科学版	241	35	−0.51	0.346	31	−0.46	15.1	35	3.71	0.34	0.41
S942	吉林大学社会科学学报	602	8	0.23	0.571	17	−0.11	50.3	10	7.71	0.77	0.31
S947	兰州大学学报社会科学版	313	29	−0.36	0.372	29	−0.42	27.7	30	5.80	0.51	0.45
S950	南京大学学报哲学・人文科学・社会科学	482	18	−0.01	0.488	22	−0.24	47.1	17	6.86	0.83	0.31
S953	南开学报哲学社会科学版	415	20	−0.15	0.394	27	−0.39	45.3	19	6.66	0.66	0.21
S955	清华大学学报哲学社会科学版	516	11	0.06	0.412	25	−0.36	51.9	8	7.94	0.91	0.27
S264	山东大学学报哲学社会科学版	484	17	−0.01	0.555	18	−0.14	48.5	12	7.51	0.74	0.33
S265	上海财经大学学报哲学社会科学版	394	21	−0.19	1.246	3	0.94	58.6	6	5.03	0.46	0.20
S965	上海大学学报社会科学版	262	34	−0.46	0.655	13	0.02	35.4	24	4.26	0.49	0.30
S967	四川大学学报哲学社会科学版	366	24	−0.25	0.581	16	−0.10	47.6	15	5.97	0.74	0.25
S294	苏州大学学报哲学社会科学版	366	24	−0.25	0.249	34	−0.61	31.6	27	5.29	0.57	0.29
S334	武汉大学学报哲学社会科学版	660	5	0.35	0.953	6	0.48	65.8	1	7.80	0.89	0.61
S336	西安交通大学学报社会科学版	554	10	0.14	1.291	2	1.01	63.1	4	7.77	0.63	0.63
S975	西北大学学报哲学社会科学版	432	19	−0.11	0.781	10	0.22	47.3	16	6.57	0.46	0.45
S150	西北农林科技大学学报社会科学版	833	4	0.71	1.404	1	1.19	65.3	3	6.63	0.49	0.38
S340	西南大学学报社会科学版	601	9	0.23	0.765	11	0.19	33.3	26	6.77	0.54	0.43
S341	西南民族大学学报人文社科版	1140	1	1.34	0.517	20	−0.19	46.9	18	10.54	0.77	0.45
S978	厦门大学学报哲学社会科学版	492	15	0.01	0.619	14	−0.04	51.1	9	7.06	0.63	0.37
S346	湘潭大学学报哲学社会科学版	344	26	−0.30	0.331	32	−0.48	30.1	28	5.49	0.57	0.32
S374	云南民族大学学报哲学社会科学版	315	28	−0.35	0.476	23	−0.26	26.7	31	4.31	0.37	0.45
S986	浙江大学学报人文社会科学版	617	7	0.26	0.391	28	−0.39	48.3	13	8.31	0.63	0.27
S398	中国地质大学学报社会科学版	496	13	0.02	0.863	8	0.34	50.1	11	7.11	0.57	0.28
S990	中国人民大学学报	898	3	0.84	0.837	9	0.30	65.6	2	9.66	0.71	0.28
S993	中南民族大学学报人文社会科学版	503	12	0.03	0.516	21	−0.20	20.7	34	5.43	0.51	0.52
S994	中山大学学报社会科学版	490	16	0.00	0.403	26	−0.37	43.6	21	7.20	0.69	0.15
	35 种期刊平均值	488			0.642							

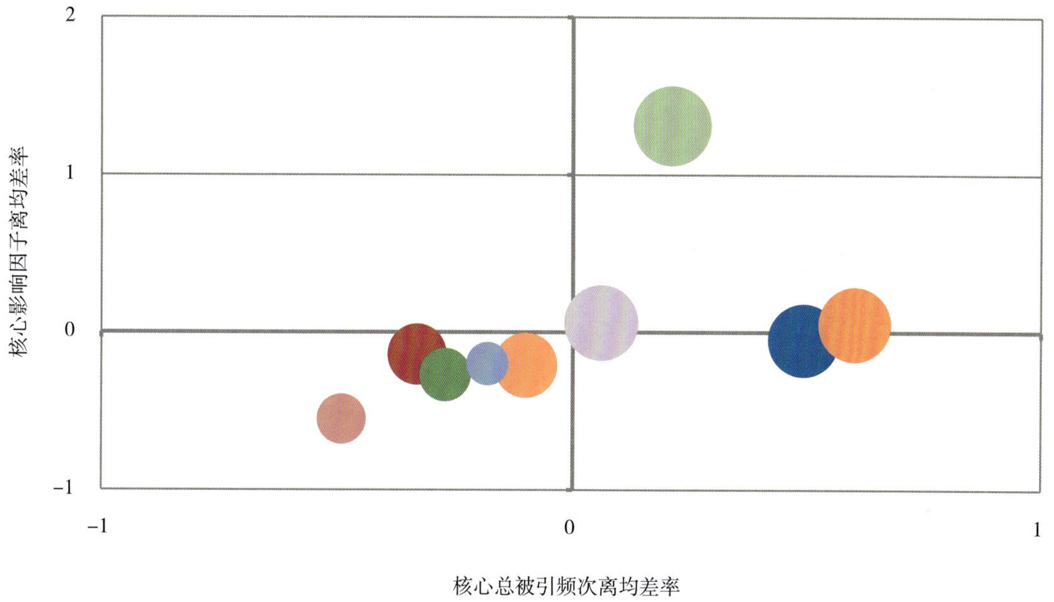

2021 年社会科学师范大学学报类期刊核心总被引频次和核心影响因子离均差率的分布图
（节点大小表示综合评价总分）

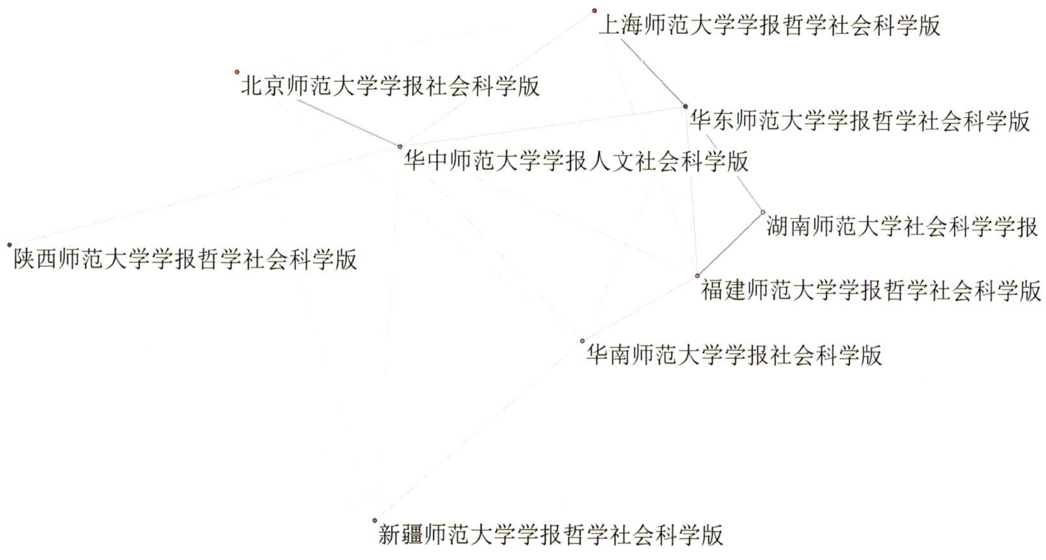

2021 年社会科学师范大学学报类期刊互引关系示意图

表 6-3　2021 年社会科学师范大学学报类期刊主要指标

CODE	刊名	核心总被引频次			核心影响因子			综合评价总分		学科扩散指标	学科影响指标	红点指标
		数值	排名	离均差率	数值	排名	离均差率	数值	排名			
S930	北京师范大学学报社会科学版	693	2	0.49	0.626	4	−0.05	58.8	4	33.22	0.67	0.18
S933	福建师范大学学报哲学社会科学版	311	8	−0.33	0.570	5	−0.14	40.8	6	21.67	0.56	0.35
S213	湖南师范大学社会科学学报	337	7	−0.27	0.484	8	−0.27	30.8	7	21.11	0.56	0.19
S939	华东师范大学学报哲学社会科学版	418	5	−0.10	0.524	7	−0.21	45.9	5	24.67	0.78	0.07
S940	华南师范大学学报社会科学版	491	4	0.06	0.698	2	0.06	59.6	3	30.44	0.89	0.24
S941	华中师范大学学报人文社会科学版	743	1	0.60	0.692	3	0.05	61.9	2	32.33	1.11	0.21
S964	陕西师范大学学报哲学社会科学版	382	6	−0.18	0.528	6	−0.20	20.5	9	22.11	0.44	0.33
S269	上海师范大学学报哲学社会科学版	238	9	−0.49	0.297	9	−0.55	27.4	8	17.11	0.56	0.25
S349	新疆师范大学学报哲学社会科学版	561	3	0.21	1.526	1	1.31	69.6	1	28.89	0.78	0.54
	9 种期刊平均值	464			0. 661							

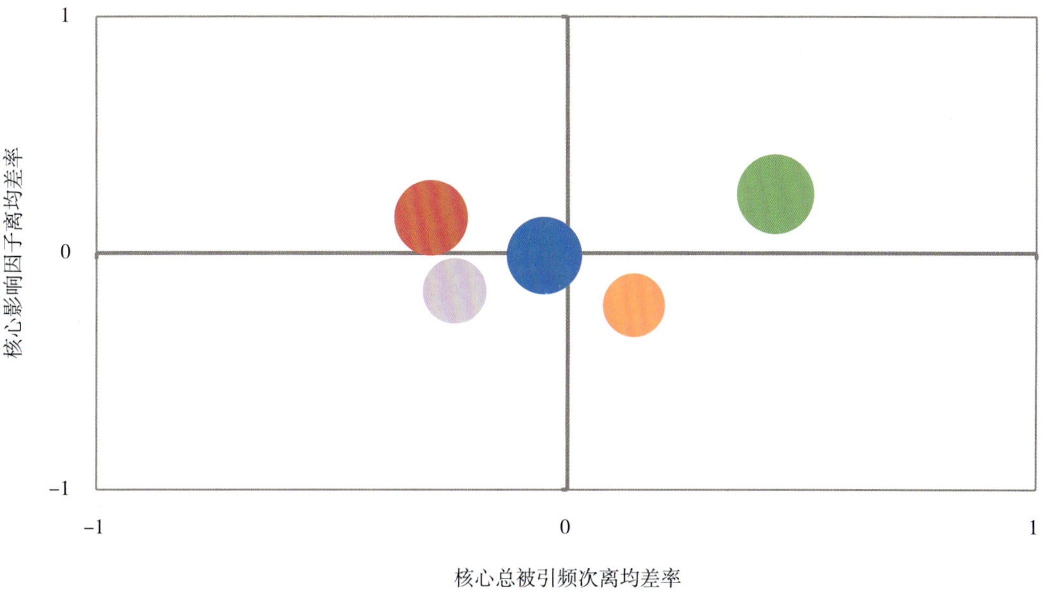

2021 年马克思主义类期刊核心总被引频次和核心影响因子离均差率的分布图
（节点大小表示综合评价总分）

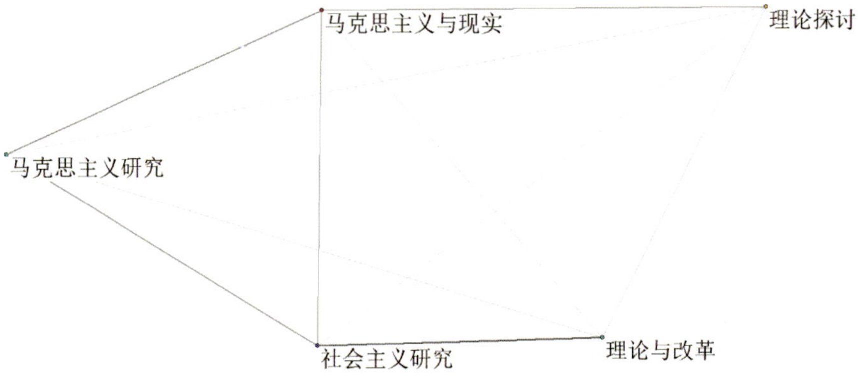

2021 年马克思主义类期刊互引关系示意图

表 6-4　2021 年马克思主义类期刊主要指标

CODE	刊名	核心总被引频次			核心影响因子			综合评价总分		学科扩散指标	学科影响指标	红点指标
		数值	排名	离均差率	数值	排名	离均差率	数值	排名			
S237	理论探讨	496	3	−0.05	0.568	3	−0.01	58.0	2	44.40	0.80	0.38
S238	理论与改革	371	5	−0.29	0.660	2	0.15	55.6	3	35.00	0.80	0.18
S246	马克思主义研究	754	1	0.44	0.718	1	0.25	62.0	1	34.80	1.00	0.46
S247	马克思主义与现实	593	2	0.14	0.448	5	−0.22	39.8	4	40.20	1.00	0.47
S276	社会主义研究	398	4	−0.24	0.486	4	−0.16	39.4	5	32.40	1.00	0.52
	5 种期刊平均值	522			0.576							

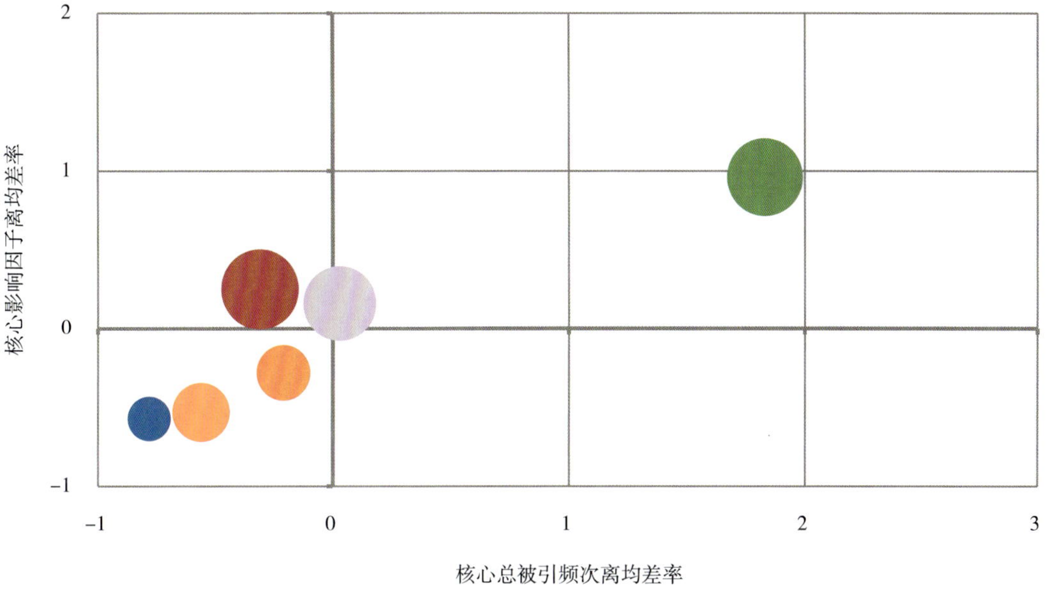

2021 年哲学类期刊核心总被引频次和核心影响因子离均差率的分布图
（节点大小表示综合评价总分）

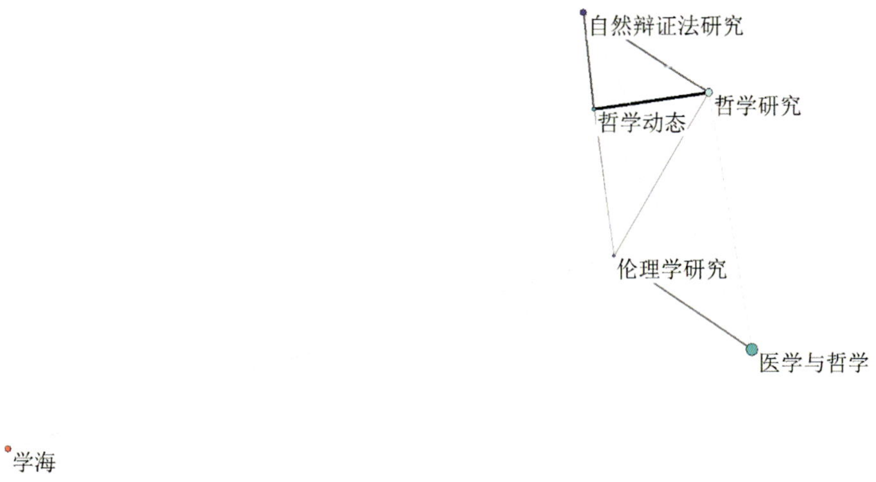

2021 年哲学类期刊互引关系示意图

表 6-5　2021 年哲学类期刊主要指标

CODE	刊名	核心总被引频次			核心影响因子			综合评价总分		学科扩散指标	学科影响指标	红点指标
		数值	排名	离均差率	数值	排名	离均差率	数值	排名			
S244	伦理学研究	195	6	−0.78	0.174	6	−0.57	18.6	6	15.17	1.00	0.29
S354	学海	608	4	−0.31	0.503	2	0.25	59.7	1	39.33	0.67	0.10
G308	医学与哲学	2498	1	1.83	0.786	1	0.96	57.0	2	77.67	0.83	0.30
S922	哲学动态	385	5	−0.56	0.188	5	−0.53	32.3	4	28.33	0.83	0.25
S923	哲学研究	913	2	0.03	0.465	3	0.16	49.6	3	38.17	0.83	0.27
S926	自然辩证法研究	697	3	−0.21	0.289	4	−0.28	28.9	5	37.33	0.83	0.18
6 种期刊平均值		883			0.401							

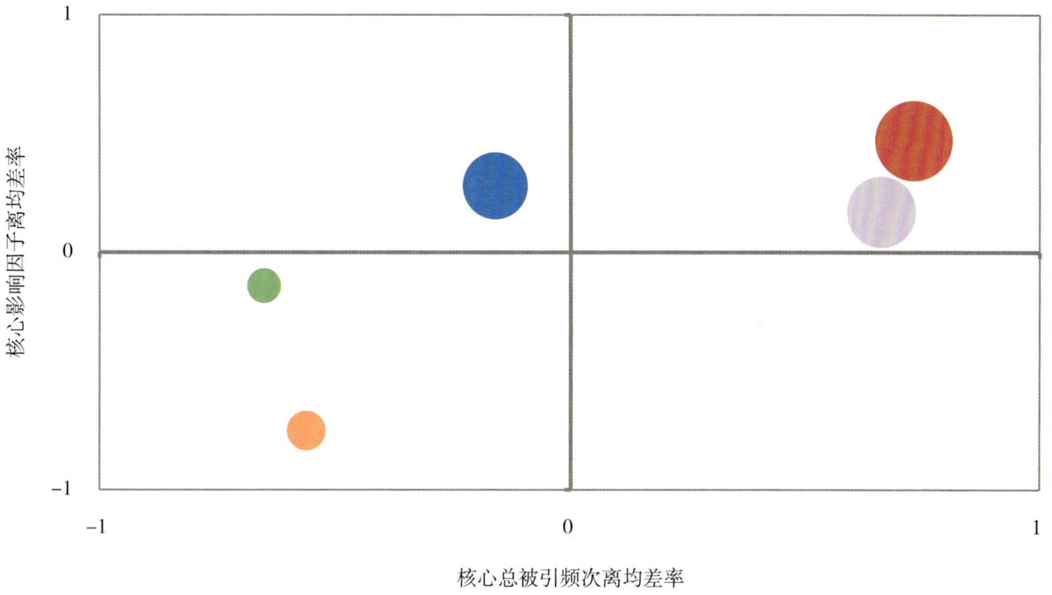

2021 年宗教学类期刊核心总被引频次和核心影响因子离均差率的分布图
（节点大小表示综合评价总分）

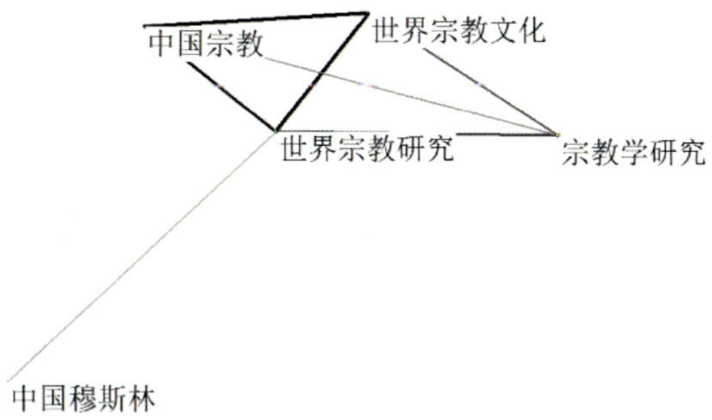

2021 年宗教学类期刊互引关系示意图

表 6-6　2021 年宗教学类期刊主要指标

CODE	刊名	核心总被引频次			核心影响因子			综合评价总分		学科扩散指标	学科影响指标	红点指标
		数值	排名	离均差率	数值	排名	离均差率	数值	排名			
S286	世界宗教文化	104	3	-0.16	0.106	2	0.28	66.6	3	9.00	0.80	0.23
S287	世界宗教研究	215	1	0.73	0.122	1	0.47	94.7	1	13.00	0.80	0.14
S414	中国穆斯林	43	5	-0.65	0.071	4	-0.14	17.9	5	1.40	0.60	0.00
S434	中国宗教	54	4	-0.56	0.021	5	-0.75	23.0	4	3.40	0.80	0.00
S448	宗教学研究	206	2	0.66	0.097	3	0.17	71.7	2	10.20	0.60	0.11
5 种期刊平均值		124			0.083							

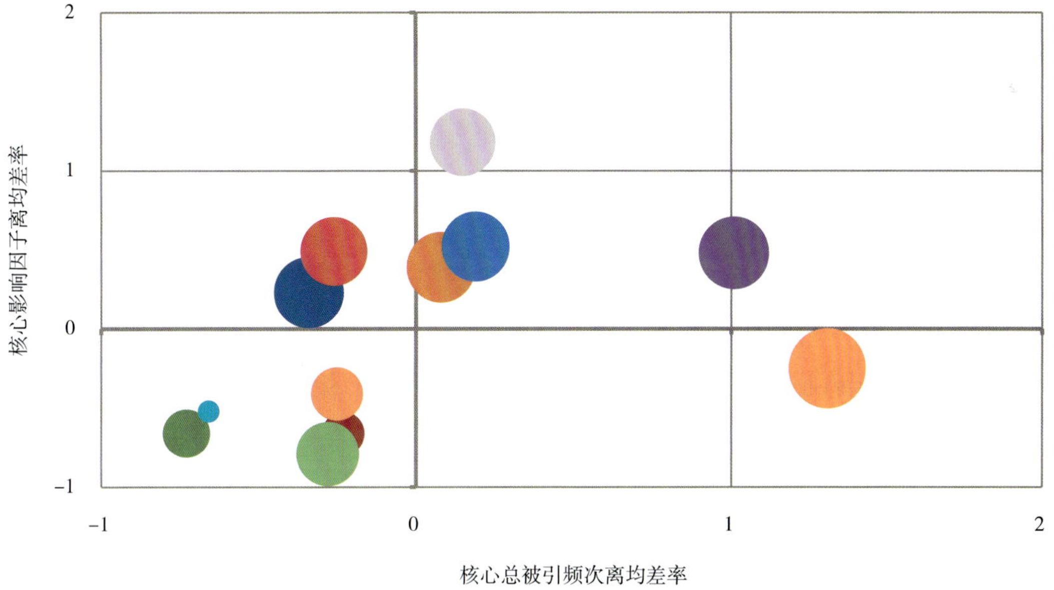

2021 年语言学综合类期刊核心总被引频次和核心影响因子离均差率的分布图

（节点大小表示综合评价总分）

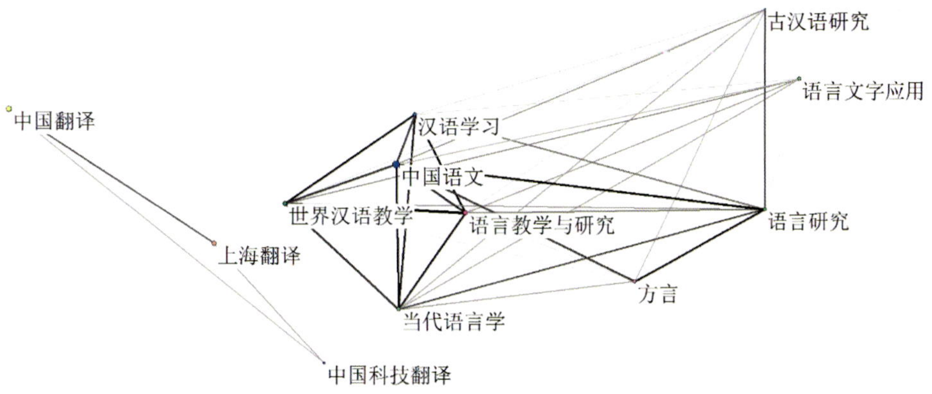

2021 年语言学综合类期刊互引关系示意图

表 6-7　2021 年语言学综合类期刊主要指标

CODE	刊名	核心总被引频次			核心影响因子			综合评价总分		学科扩散指标	学科影响指标	红点指标
		数值	排名	离均差率	数值	排名	离均差率	数值	排名			
S165	当代语言学	266	10	-0.34	0.492	6	0.23	56.3	3	4.25	0.92	0.06
S179	方言	311	6	-0.23	0.135	11	-0.66	20.8	11	3.25	0.75	0.34
S184	古汉语研究	108	12	-0.73	0.137	10	-0.66	25.6	10	2.17	0.67	0.21
S200	汉语学习	304	7	-0.25	0.235	8	-0.41	31.3	9	2.42	0.92	0.14
S266	上海翻译	465	4	0.15	0.870	1	1.18	47.5	7	3.75	0.33	0.29
S691	世界汉语教学	437	5	0.08	0.557	5	0.39	54.9	4	3.42	0.75	0.05
S368	语言教学与研究	482	3	0.19	0.607	2	0.52	54.1	5	4.25	0.92	0.09
S369	语言文字应用	300	8	-0.26	0.595	3	0.49	51.7	6	5.92	0.83	0.18
S370	语言研究	289	9	-0.28	0.086	12	-0.79	45.3	8	3.83	0.75	0.16
S400	中国翻译	811	2	1.01	0.593	4	0.48	57.9	2	6.50	0.33	0.22
S823	中国科技翻译	138	11	-0.66	0.193	9	-0.52	5.5	12	3.08	0.25	0.35
S715	中国语文	934	1	1.31	0.301	7	-0.25	70.7	1	5.58	0.83	0.13
	12 种期刊平均值	404			0.400							

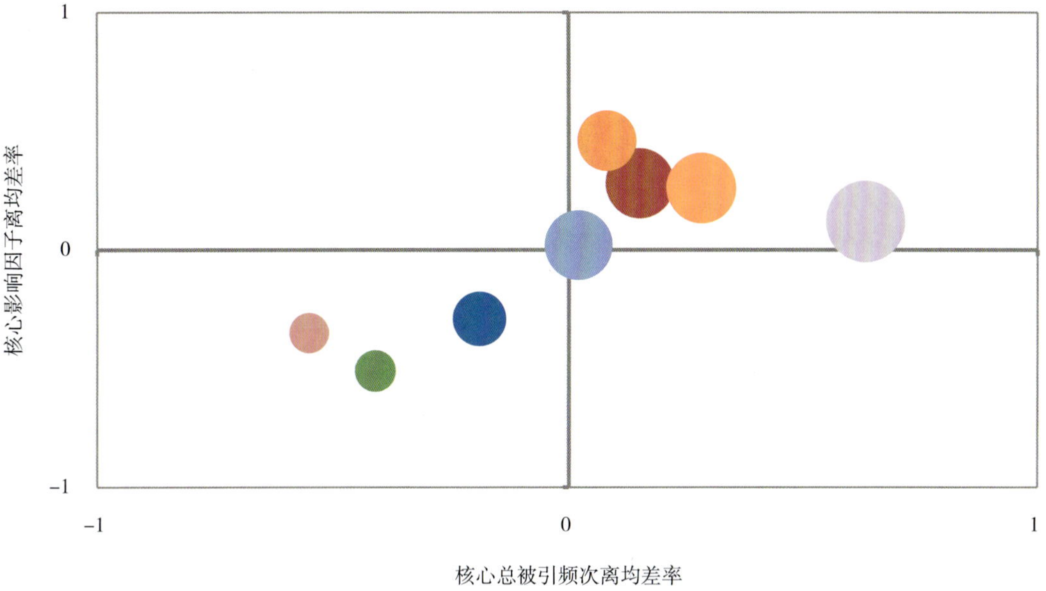

2021 年外国语言学类期刊核心总被引频次和核心影响因子离均差率的分布图
（节点大小表示综合评价总分）

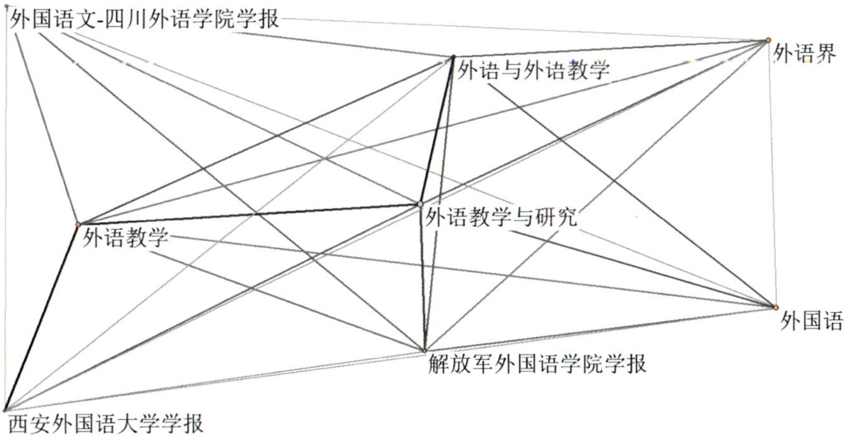

2021 年外国语言学类期刊互引关系示意图

表 6-8　2021 年外国语言学类期刊主要指标

CODE	刊名	核心总被引频次			核心影响因子			综合评价总分		学科扩散指标	学科影响指标	红点指标
		数值	排名	离均差率	数值	排名	离均差率	数值	排名			
S225	解放军外国语学院学报	313	6	−0.19	0.410	6	−0.29	41.0	6	7.13	1.00	0.22
S317	外国语	447	3	0.15	0.741	2	0.28	67.5	3	8.88	1.00	0.14
S318	外国语文-四川外语学院学报	228	7	−0.41	0.286	8	−0.51	23.6	7	6.88	1.00	0.23
S697	外语教学	495	2	0.28	0.731	3	0.26	68.6	2	7.88	1.00	0.22
S698	外语教学与研究	634	1	0.63	0.651	4	0.12	87.5	1	9.00	1.00	0.10
S323	外语界	419	4	0.08	0.846	1	0.46	49.8	5	4.88	1.00	0.27
S699	外语与外语教学	395	5	0.02	0.589	5	0.02	65.7	4	8.88	1.00	0.20
S576	西安外国语大学学报	176	8	−0.55	0.379	7	−0.35	22.8	8	4.50	1.00	0.20
	8 种期刊平均值	388			0.579							

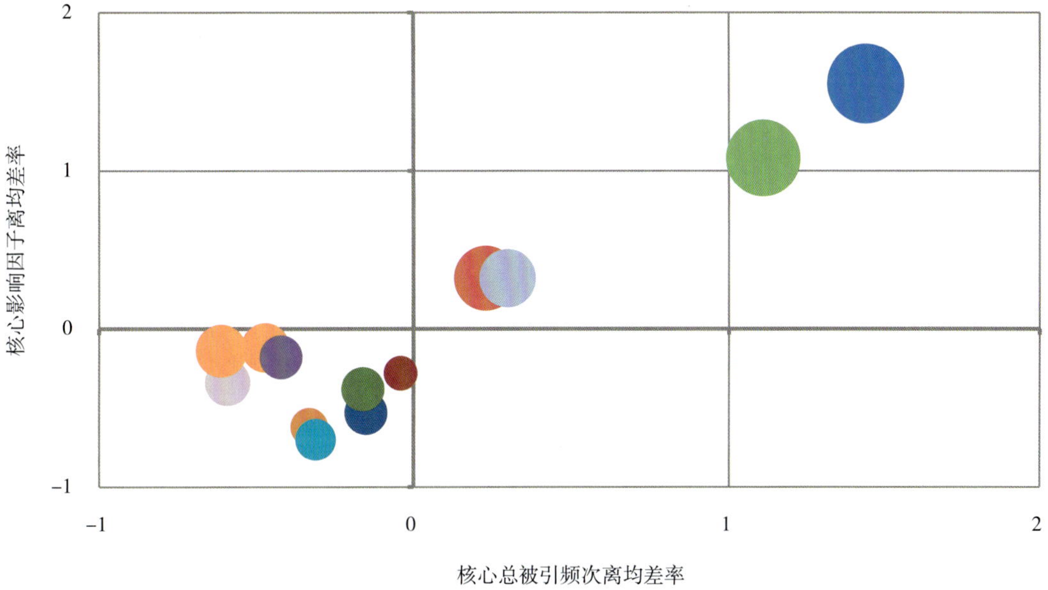

2021 年中国文学类期刊核心总被引频次和核心影响因子离均差率的分布图
（节点大小表示综合评价总分）

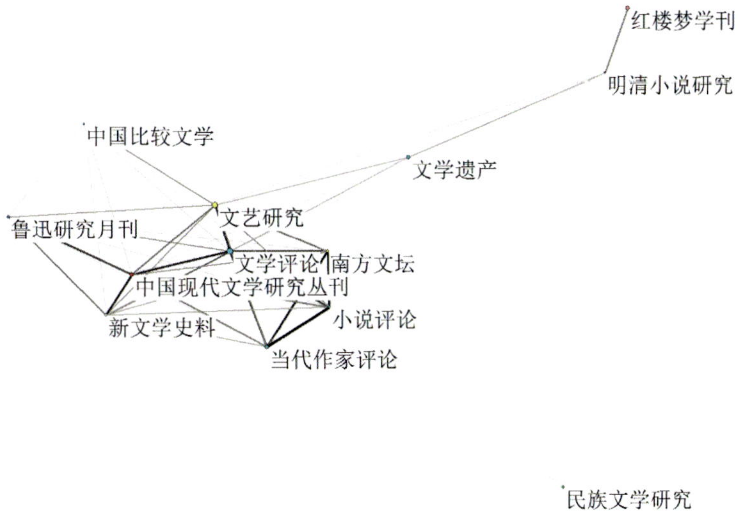

2021 年中国文学类期刊互引关系示意图

表 6-9　2021 年中国文学类期刊主要指标

CODE	刊名	核心总被引频次			核心影响因子			综合评价总分		学科扩散指标	学科影响指标	红点指标
		数值	排名	离均差率	数值	排名	离均差率	数值	排名			
S166	当代作家评论	241	6	−0.15	0.073	11	−0.53	27.9	8	3.46	0.62	0.00
S206	红楼梦学刊	275	5	−0.04	0.111	8	−0.28	17.3	13	2.08	0.54	0.66
S243	鲁迅研究月刊	239	7	−0.16	0.096	10	−0.38	27.8	9	3.00	0.77	0.00
S251	民族文学研究	150	11	−0.47	0.136	5	−0.12	35.1	6	3.15	0.46	0.14
S254	明清小说研究	117	12	−0.59	0.102	9	−0.34	28.5	7	2.31	0.54	0.32
S255	南方文坛	192	9	−0.33	0.058	12	−0.62	21.5	12	3.23	0.77	0.00
S327	文学评论	694	1	1.44	0.392	1	1.55	92.3	1	7.92	1.00	0.16
S328	文学遗产	351	4	0.23	0.204	3	0.32	60.5	3	5.38	0.62	0.13
S332	文艺研究	600	2	1.11	0.320	2	1.08	85.1	2	8.92	1.00	0.00
S348	小说评论	164	10	−0.42	0.126	7	−0.18	27.6	10	3.15	0.77	0.00
S351	新文学史料	198	8	−0.31	0.046	13	−0.70	25.4	11	3.77	0.77	0.00
S392	中国比较文学	111	13	−0.61	0.133	6	−0.14	39.6	5	4.08	0.69	0.13
S427	中国现代文学研究丛刊	370	3	0.30	0.203	4	0.32	48.6	4	5.15	0.92	0.30
13 种期刊平均值		285			0. 154							

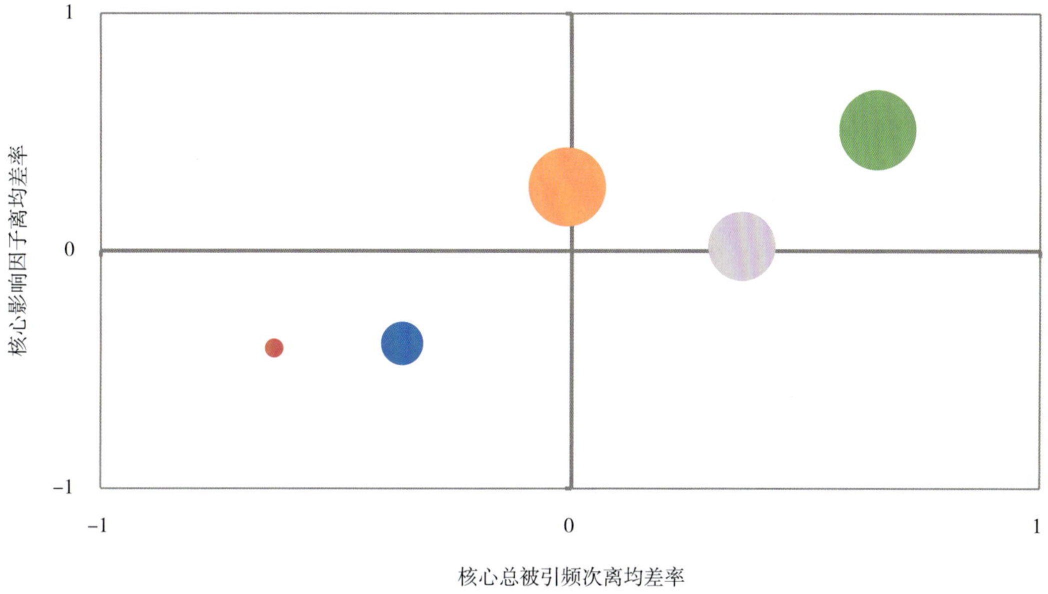

2021 年外国文学类期刊核心总被引频次和核心影响因子离均差率的分布图
（节点大小表示综合评价总分）

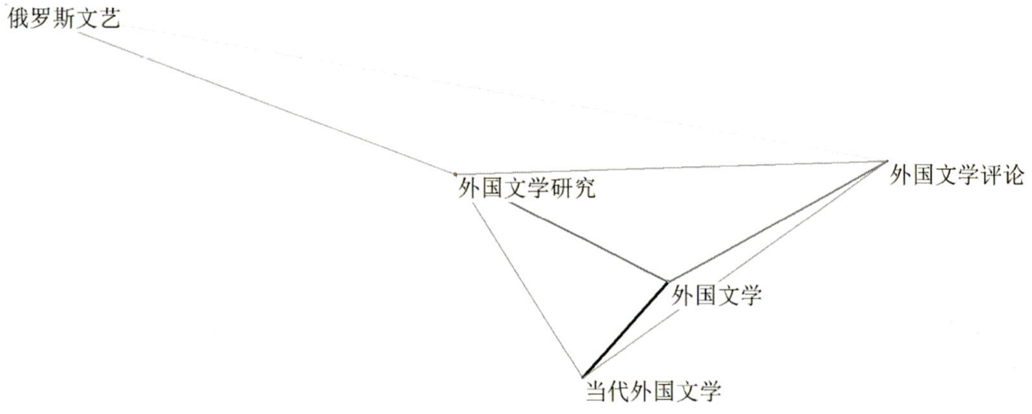

2021 年外国文学类期刊互引关系示意图

表 6-10　2021 年外国文学类期刊主要指标

CODE	刊名	核心总被引频次			核心影响因子			综合评价总分		学科扩散指标	学科影响指标	红点指标
		数值	排名	离均差率	数值	排名	离均差率	数值	排名			
S162	当代外国文学	70	4	−0.36	0.054	4	−0.39	23.6	4	5.60	1.00	0.16
S177	俄罗斯文艺	41	5	−0.63	0.052	5	−0.41	4.6	5	2.40	0.60	0.33
S314	外国文学	181	1	0.65	0.133	1	0.51	80.4	1	14.40	1.00	0.24
S315	外国文学评论	109	3	−0.01	0.112	2	0.27	78.2	2	9.20	1.00	0.10
S316	外国文学研究	150	2	0.36	0.090	3	0.02	56.6	3	11.00	1.00	0.15
5 种期刊平均值		110			0.088							

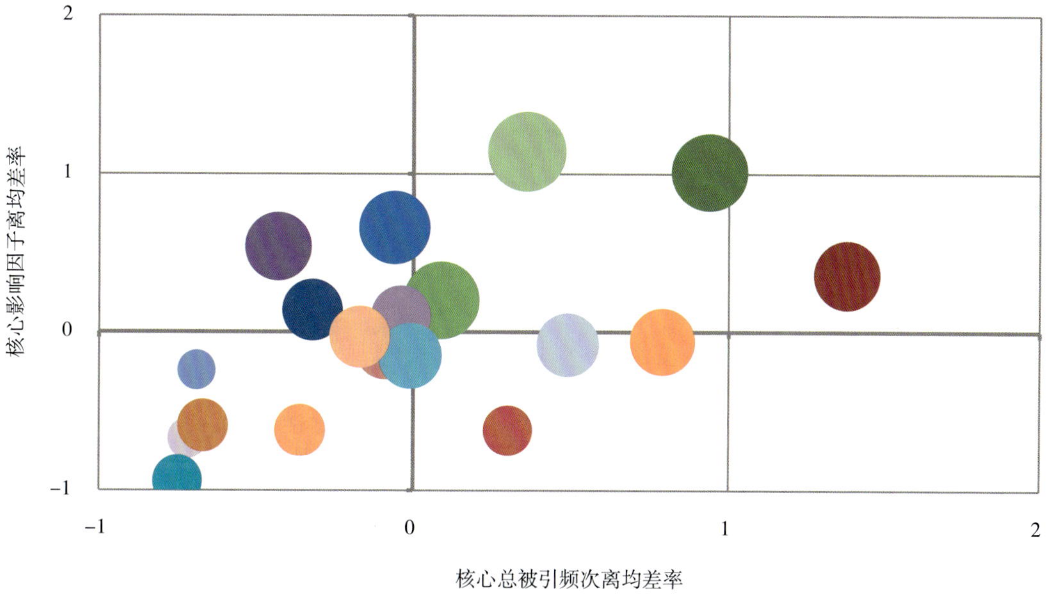

2021 年艺术学类期刊核心总被引频次和核心影响因子离均差率的分布图
（节点大小表示综合评价总分）

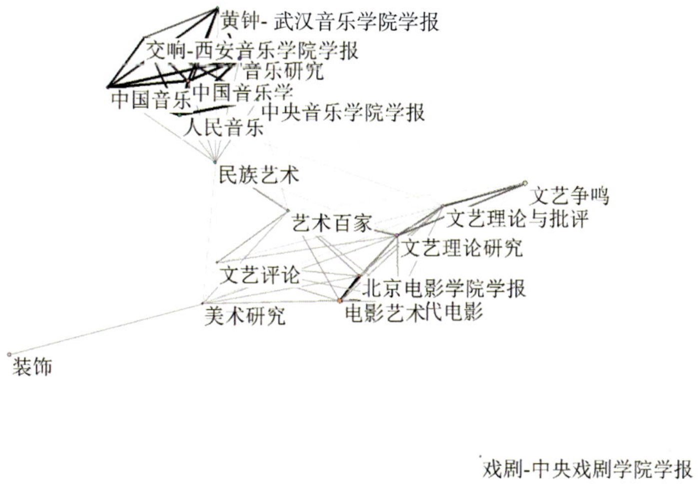

2021 年艺术学类期刊互引关系示意图

表 6-11　2021 年艺术学类期刊主要指标

CODE	刊名	核心总被引频次			核心影响因子			综合评价总分		学科扩散指标	学科影响指标	红点指标
		数值	排名	离均差率	数值	排名	离均差率	数值	排名			
S153	北京电影学院学报	167	13	−0.32	0.179	7	0.14	44.5	12	1.74	0.58	0.38
S160	当代电影	587	1	1.38	0.213	5	0.36	55.8	5	3.53	0.58	0.25
S169	电影艺术	478	2	0.94	0.316	2	1.01	69.8	3	2.89	0.63	0.30
S216	黄钟-武汉音乐学院学报	157	14	−0.36	0.060	16	−0.62	31.1	15	1.05	0.47	0.14
S221	交响-西安音乐学院学报	68	18	−0.72	0.052	18	−0.67	17.6	19	0.63	0.47	0.16
S248	美术研究	82	16	−0.67	0.064	15	−0.59	32.2	14	2.26	0.47	0.09
S253	民族艺术	232	10	−0.06	0.261	3	0.66	62.3	4	3.16	0.58	0.17
S263	人民音乐	322	6	0.30	0.060	16	−0.62	29.1	17	1.58	0.68	0.00
S329	文艺理论研究	270	7	0.09	0.188	6	0.20	70.1	2	4.58	0.58	0.21
S330	文艺理论与批评	142	15	−0.43	0.242	4	0.54	54.1	6	3.26	0.68	0.16
S331	文艺评论	61	19	−0.75	0.010	19	−0.94	30.8	16	1.74	0.32	0.16
S333	文艺争鸣	441	3	0.79	0.148	10	−0.06	52.1	7	4.74	0.53	0.00
S342	戏剧-中央戏剧学院学报	76	17	−0.69	0.120	14	−0.24	18.4	18	1.26	0.37	0.18
S366	艺术百家	226	11	−0.09	0.141	12	−0.10	46.0	10	4.42	0.84	0.34
S367	音乐研究	335	5	0.36	0.336	1	1.14	74.4	1	1.11	0.58	0.17
S429	中国音乐	238	9	−0.04	0.173	8	0.10	43.9	13	1.47	0.63	0.19
S430	中国音乐学	244	8	−0.01	0.133	13	−0.15	49.8	8	1.32	0.53	0.18
S441	中央音乐学院学报	206	12	−0.17	0.152	9	−0.03	44.6	11	1.05	0.58	0.10
S444	装饰	368	4	0.49	0.144	11	−0.08	47.4	9	6.21	0.47	0.26
	19 种期刊平均值	247			0. 157							

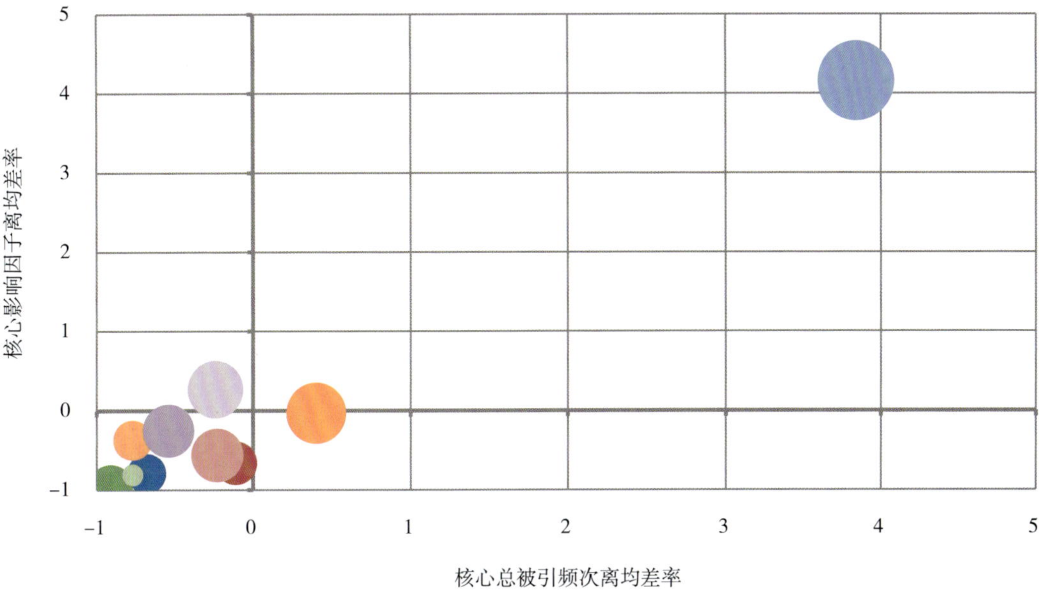

2021 年历史学类期刊核心总被引频次和核心影响因子离均差率的分布图
（节点大小表示综合评价总分）

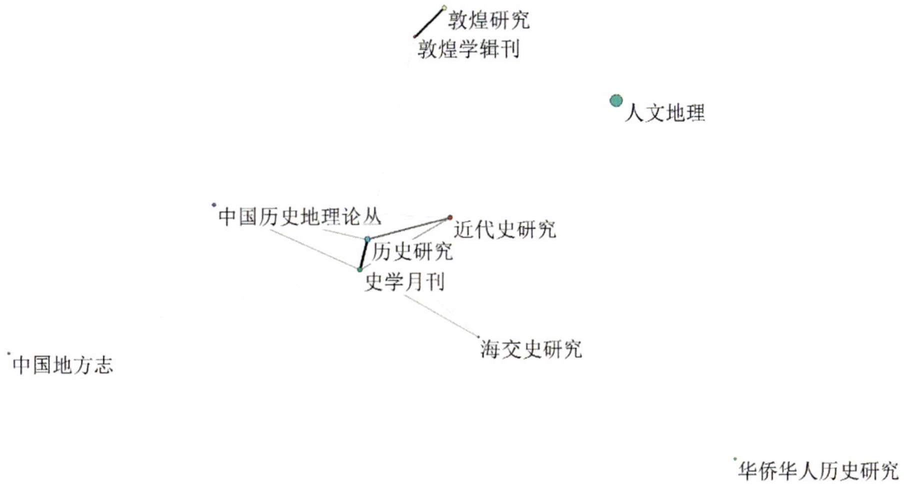

2021 年历史学类期刊互引关系示意图

表 6-12　2021 年历史学类期刊主要指标

CODE	刊名	核心总被引频次			核心影响因子			综合评价总分		学科扩散指标	学科影响指标	红点指标
		数值	排名	离均差率	数值	排名	离均差率	数值	排名			
S175	敦煌学辑刊	173	7	-0.68	0.068	8	-0.79	21.7	8	4.20	0.60	0.32
S176	敦煌研究	489	3	-0.11	0.113	7	-0.66	25.7	7	8.90	0.50	0.35
S199	海交史研究	48	10	-0.91	0.014	10	-0.96	26.6	6	2.40	0.40	0.13
S215	华侨华人历史研究	124	9	-0.77	0.208	5	-0.37	21.7	9	3.20	0.40	0.24
S228	近代史研究	417	5	-0.24	0.420	2	0.27	41.7	3	11.80	0.70	0.18
S240	历史研究	771	2	0.40	0.320	3	-0.03	50.5	2	18.80	0.80	0.25
S617	人文地理	2659	1	3.84	1.703	1	4.16	87.0	1	31.20	0.20	0.18
S278	史学月刊	424	4	-0.23	0.144	6	-0.56	39.3	4	14.50	0.60	0.18
S397	中国地方志	128	8	-0.77	0.064	9	-0.81	6.4	10	2.40	0.30	0.24
S618	中国历史地理论丛	253	6	-0.54	0.248	4	-0.25	37.9	5	10.20	0.80	0.14
10 种期刊平均值		549			0.330							

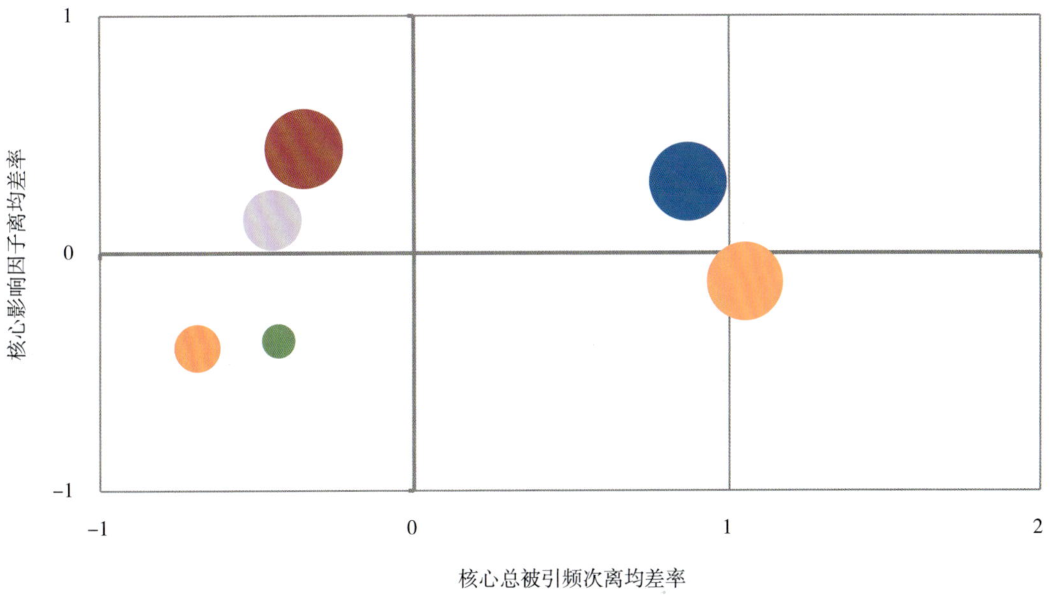

2021 年考古学类期刊核心总被引频次和核心影响因子离均差率的分布图
（节点大小表示综合评价总分）

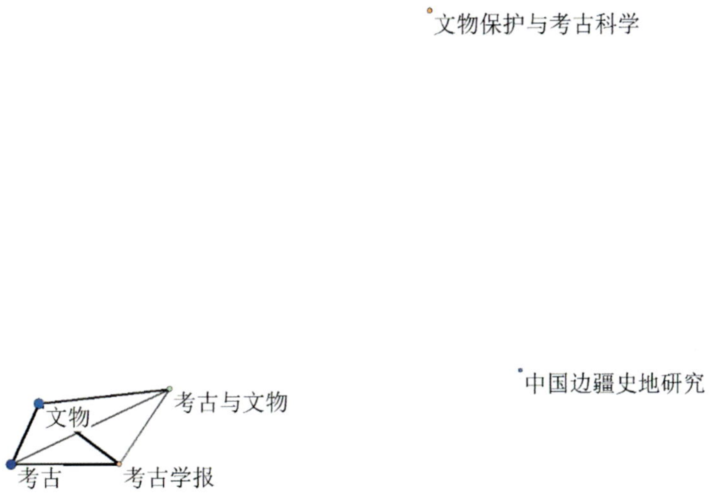

2021 年考古学类期刊互引关系示意图

表 6-13 2021 年考古学类期刊主要指标

CODE	刊名	核心总被引频次			核心影响因子			综合评价总分		学科扩散指标	学科影响指标	红点指标
		数值	排名	离均差率	数值	排名	离均差率	数值	排名			
S808	考古	1488	2	0.87	0.394	2	0.30	64.3	2	19.83	1.00	0.14
S809	考古学报	513	3	−0.35	0.439	1	0.44	66.1	1	15.67	1.00	0.00
S810	考古与文物	452	4	−0.43	0.193	5	−0.37	12.1	6	11.33	1.00	0.12
S811	文物	1626	1	1.05	0.267	4	−0.12	63.5	3	25.33	1.00	0.00
A906	文物保护与考古科学	439	5	−0.45	0.346	3	0.14	35.2	4	18.00	0.50	0.31
S393	中国边疆史地研究	248	6	−0.69	0.182	6	−0.40	23.5	5	10.67	0.33	0.16
6 种期刊平均值		794			0.304							

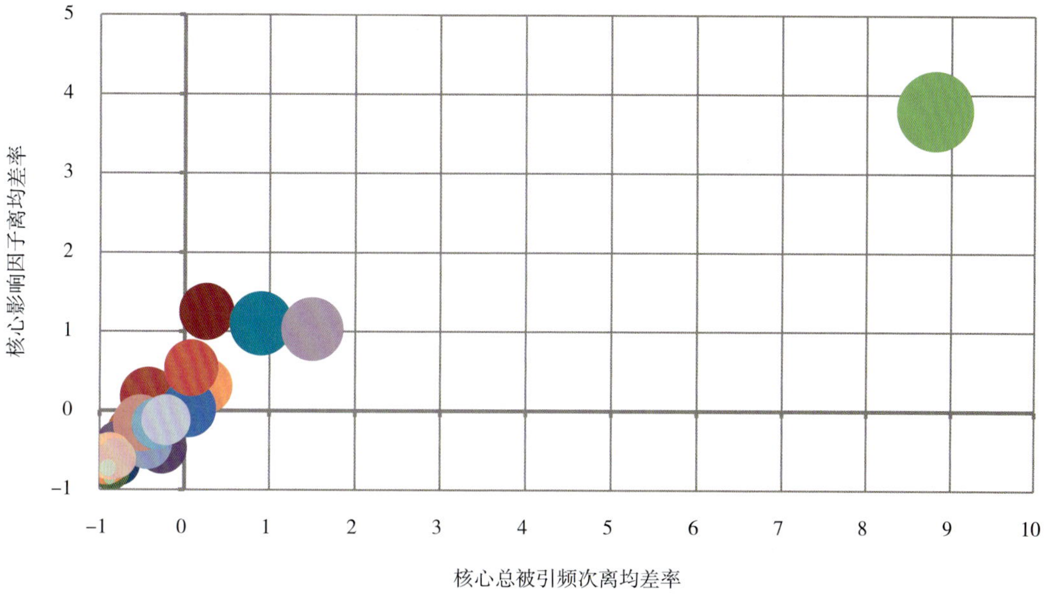

2021 年经济学综合类期刊核心总被引频次和核心影响因子离均差率的分布图

（节点大小表示综合评价总分）

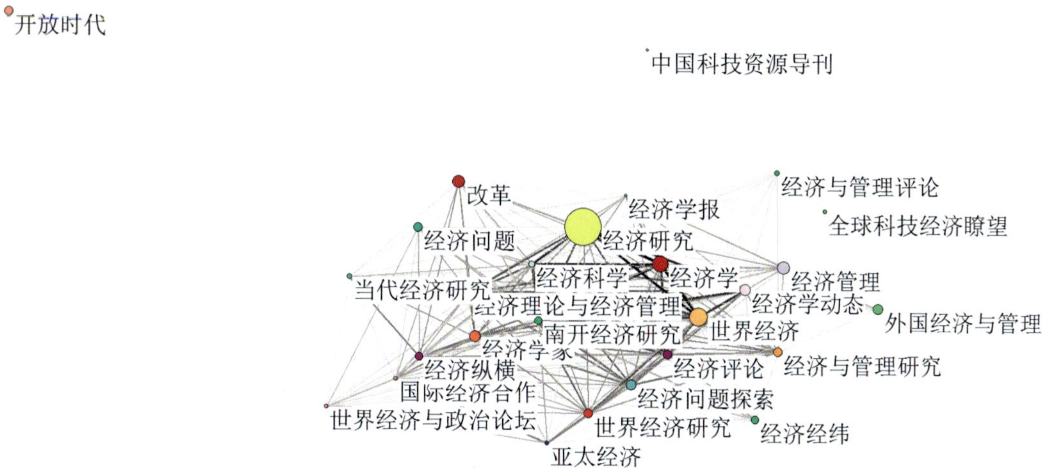

2021 年经济学综合类期刊互引关系示意图

表 6-14　2021 年经济学综合类期刊主要指标

CODE	刊名	核心总被引频次			核心影响因子			综合评价总分		学科扩散指标	学科影响指标	红点指标
		数值	排名	离均差率	数值	排名	离均差率	数值	排名			
S740	当代经济研究	459	20	−0.77	0.630	24	−0.68	25.1	23	6.81	0.78	0.44
S743	改革	2517	4	0.26	4.468	2	1.25	45.3	5	14.52	0.96	0.42
S747	国际经济合作	262	23	−0.87	0.480	26	−0.76	21.9	25	4.93	0.44	0.52
S759	经济管理	2508	5	0.25	2.615	6	0.31	42.7	10	11.93	0.93	0.37
S760	经济经纬	886	18	−0.56	1.492	13	−0.25	29.9	21	8.26	0.70	0.45
S761	经济科学	809	19	−0.60	1.436	15	−0.28	41.5	11	7.89	0.85	0.32
S762	经济理论与经济管理	1046	16	−0.48	1.388	16	−0.30	40.9	12	8.78	0.89	0.36
S764	经济评论	1147	12	−0.43	2.347	7	0.18	47.4	4	9.52	0.89	0.39
S768	经济问题	1358	10	−0.32	1.326	17	−0.33	34.3	17	12.07	0.74	0.38
S769	经济问题探索	1453	9	−0.27	1.062	20	−0.47	38.1	13	12.04	0.81	0.59
S229	经济学	3798	3	0.90	4.185	3	1.10	56.6	2	11.48	0.96	0.32
S282	经济学报	160	27	−0.92	0.742	23	−0.63	33.0	19	3.59	0.59	0.32
S721	经济学动态	2107	7	0.05	2.023	8	0.02	45.3	5	11.70	0.89	0.34
S771	经济学家	2163	6	0.08	3.057	5	0.54	44.1	8	12.44	1.00	0.54
S772	经济研究	19629	1	8.81	9.543	1	3.80	88.3	1	17.63	1.00	0.29
S230	经济与管理评论	445	21	−0.78	1.178	18	−0.41	27.6	22	6.59	0.48	0.44
S773	经济与管理研究	1125	13	−0.44	1.619	12	−0.19	43.5	9	11.04	0.81	0.54
S774	经济纵横	1065	15	−0.47	1.440	14	−0.28	33.7	18	10.96	0.78	0.50
S234	开放时代	1123	14	−0.44	1.148	19	−0.42	36.0	15	8.59	0.30	0.12
S777	南开经济研究	962	17	−0.52	1.664	10	−0.16	44.2	7	8.59	0.89	0.38
S106	全球科技经济瞭望	248	24	−0.88	0.280	27	−0.86	2.1	27	3.33	0.11	0.44
S785	世界经济	5003	2	1.50	4.038	4	1.03	55.7	3	10.96	0.93	0.34
S787	世界经济研究	1341	11	−0.33	1.654	11	−0.17	37.2	14	7.81	0.93	0.48
S789	世界经济与政治论坛	245	25	−0.88	0.833	21	−0.58	30.8	20	4.59	0.59	0.39
S795	外国经济与管理	1554	8	−0.22	1.741	9	−0.12	35.7	16	9.48	0.74	0.22
S799	亚太经济	394	22	−0.80	0.777	22	−0.61	22.1	24	5.67	0.67	0.54
S133	中国科技资源导刊	208	26	−0.90	0.531	25	−0.73	3.9	26	2.59	0.07	0.16
	27 种期刊平均值	2001			1.989							

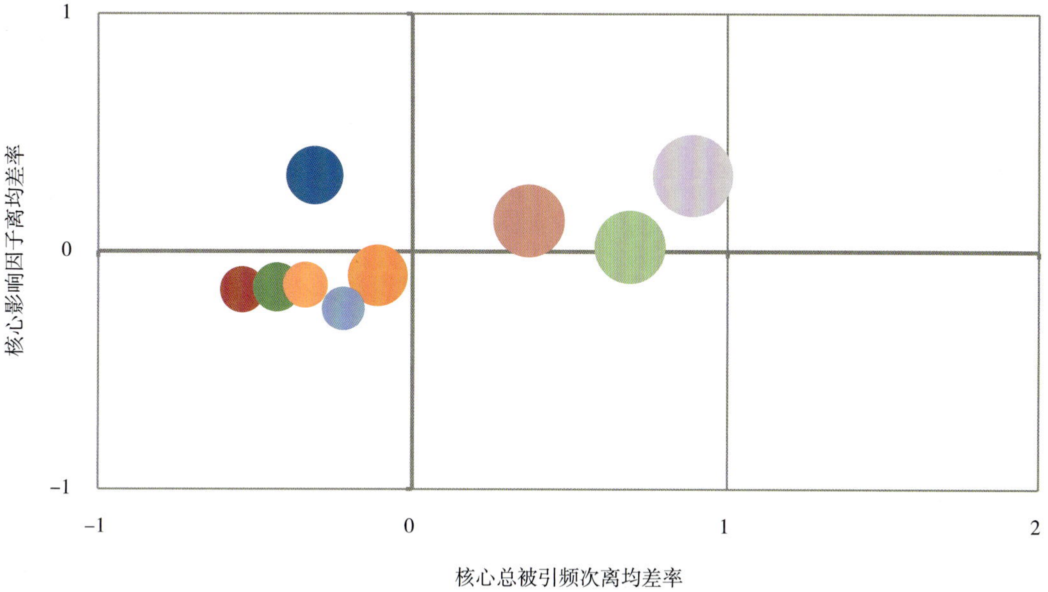

2021 年经济大学学报类期刊核心总被引频次和核心影响因子离均差率的分布图
（节点大小表示综合评价总分）

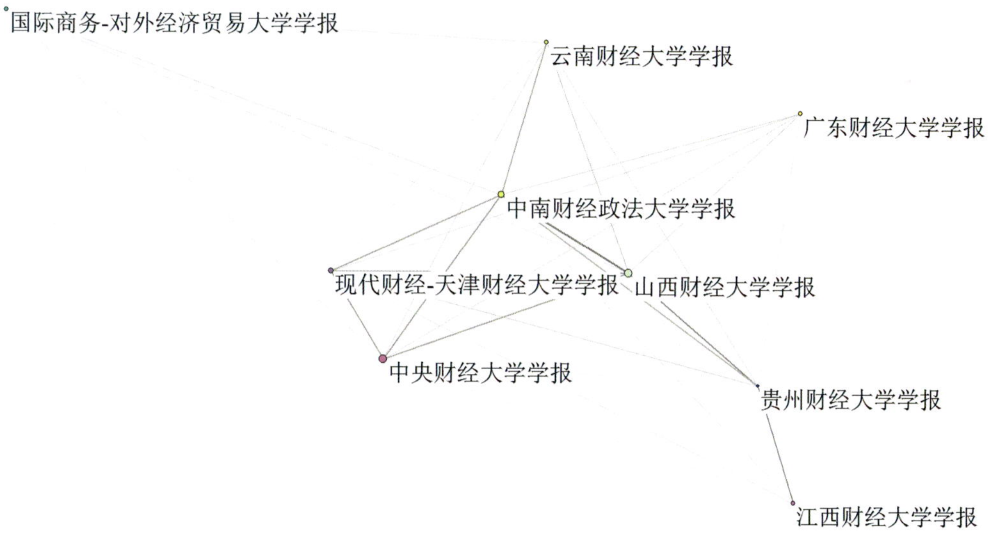

2021 年经济大学学报类期刊互引关系示意图

表 6-15　2021 年经济大学学报类期刊主要指标

CODE	刊名	核心总被引频次			核心影响因子			综合评价总分		学科扩散指标	学科影响指标	红点指标
		数值	排名	离均差率	数值	排名	离均差率	数值	排名			
S188	广东财经大学学报	351	6	-0.31	1.383	1	0.32	42.5	5	16.33	0.89	0.65
S190	贵州财经大学学报	232	9	-0.54	0.878	8	-0.16	26.4	7	13.56	0.78	0.30
S192	国际商务-对外经济贸易大学学报	289	8	-0.43	0.894	7	-0.15	29.7	6	13.44	0.67	0.31
S220	江西财经大学学报	334	7	-0.34	0.906	6	-0.14	26.0	8	18.33	0.78	0.15
S961	山西财经大学学报	955	1	0.89	1.383	1	0.32	79.8	1	24.00	1.00	0.35
S343	现代财经-天津财经大学学报	452	4	-0.11	0.941	5	-0.10	46.7	4	19.56	1.00	0.20
S372	云南财经大学学报	394	5	-0.22	0.793	9	-0.24	24.0	9	19.00	0.67	0.25
S992	中南财经政法大学学报	693	3	0.37	1.186	3	0.13	66.4	2	24.67	1.00	0.35
S440	中央财经大学学报	857	2	0.69	1.067	4	0.02	66.3	3	30.11	1.00	0.19
9 种期刊平均值		506			1.048							

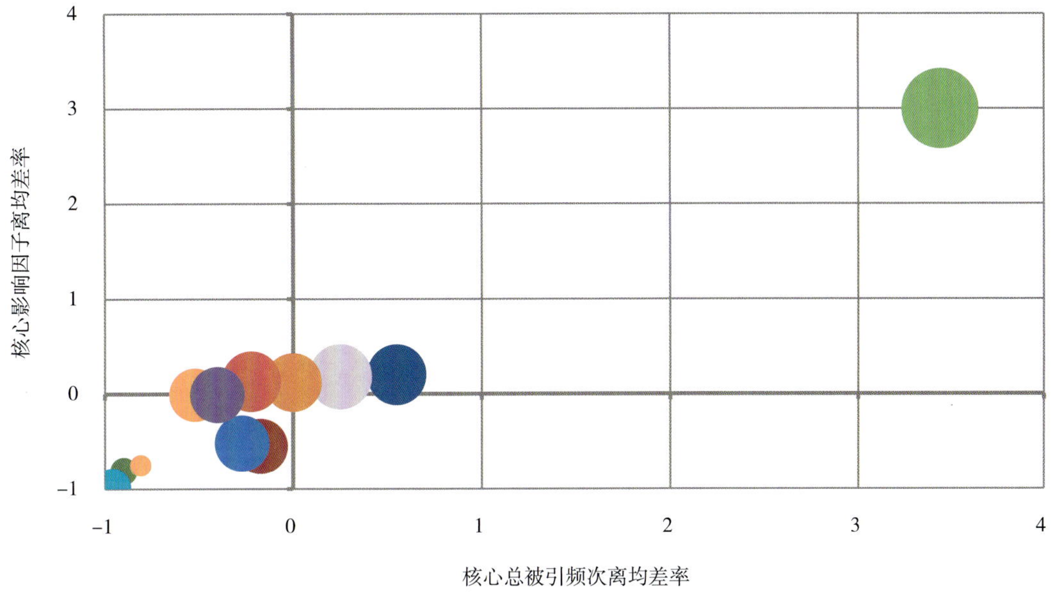

2021 年国民经济学、管理经济学、数量经济学类期刊核心总被引频次和核心影响因子离均差率的分布图（节点大小表示综合评价总分）

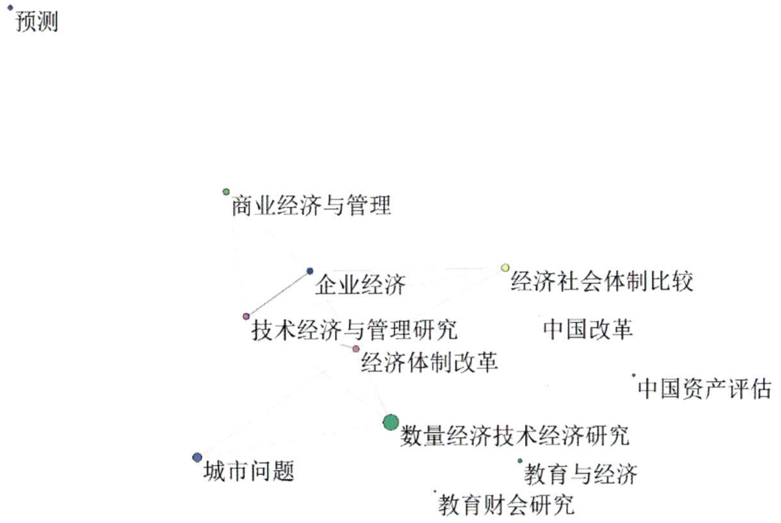

2021 年国民经济学、管理经济学、数量经济学类期刊互引关系示意图

表 6-16　2021 年国民经济学、管理经济学、数量经济学类期刊主要指标

CODE	刊名	核心总被引频次			核心影响因子			综合评价总分		学科扩散指标	学科影响指标	红点指标
		数值	排名	离均差率	数值	排名	离均差率	数值	排名			
S737	城市问题	1280	2	0.55	1.132	2	0.20	53.1	3	25.75	0.50	0.26
S719	技术经济与管理研究	688	5	-0.17	0.425	9	-0.55	44.0	8	23.50	0.67	0.44
S223	教育财会研究	83	11	-0.90	0.181	11	-0.81	11.0	11	1.25	0.17	0.53
S683	教育与经济	397	9	-0.52	0.933	7	-0.01	40.7	9	9.50	0.17	0.22
S765	经济社会体制比较	1027	3	0.25	1.118	3	0.18	57.3	2	23.17	0.67	0.12
S767	经济体制改革	826	4	0.00	1.065	5	0.12	49.4	5	20.67	0.75	0.30
S639	企业经济	600	7	-0.27	0.454	8	-0.52	45.2	6	20.50	0.58	0.33
S834	商业经济与管理	640	6	-0.22	1.073	4	0.13	52.8	4	16.67	0.58	0.22
S790	数量经济技术经济研究	3656	1	3.44	3.788	1	3.00	92.5	1	30.83	0.83	0.32
S822	预测	494	8	-0.40	0.941	6	-0.01	45.2	7	13.25	0.58	0.28
S401	中国改革	34	12	-0.96	0.019	12	-0.98	20.8	10	2.58	0.00	0.00
S807	中国资产评估	158	10	-0.81	0.236	10	-0.75	6.8	12	1.17	0.17	0.29
12 种期刊平均值		824			0.947							

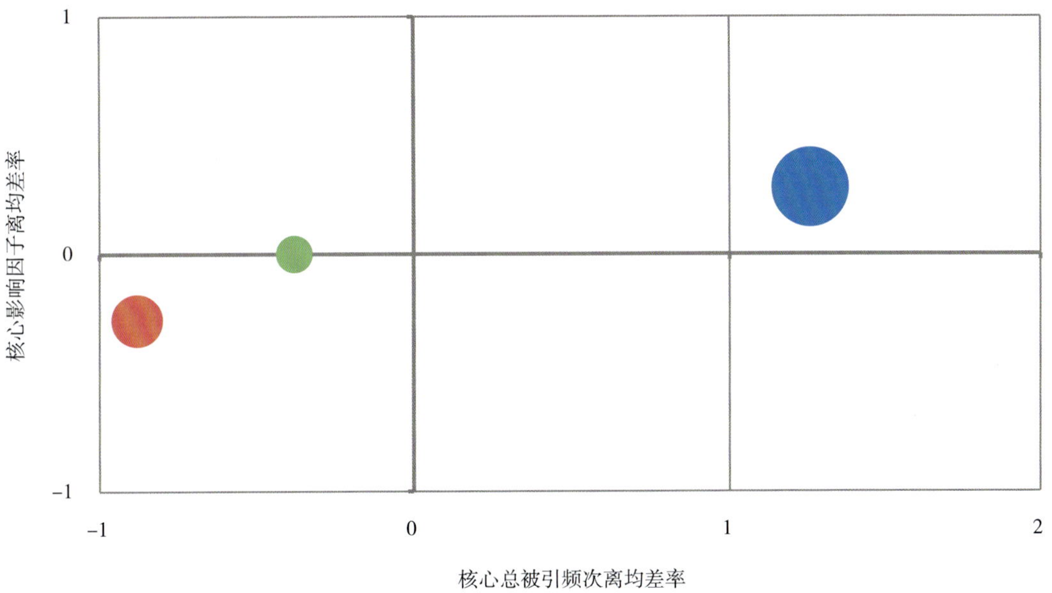

2021 年会计学、审计学类期刊核心总被引频次和核心影响因子离均差率的分布图

（节点大小表示综合评价总分）

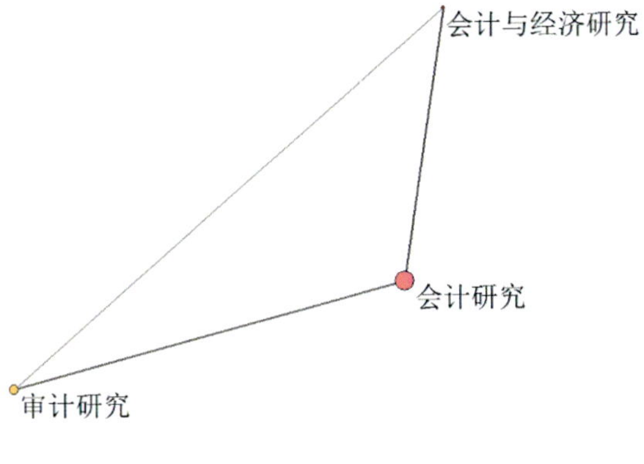

2021 年会计学、审计学类期刊互引关系示意图

表 6-17　2021 年会计学、审计学类期刊主要指标

CODE	刊名	核心总被引频次			核心影响因子			综合评价总分		学科扩散指标	学科影响指标	红点指标
		数值	排名	离均差率	数值	排名	离均差率	数值	排名			
S756	会计研究	4015	1	1.26	1.719	1	0.28	88.4	1	67.33	1.00	0.27
S217	会计与经济研究	219	3	−0.88	0.965	3	−0.28	38.7	2	28.33	1.00	0.22
S782	审计研究	1101	2	−0.38	1.349	2	0.00	19.3	3	45.00	1.00	0.41
3 种期刊平均值		1778			1. 344							

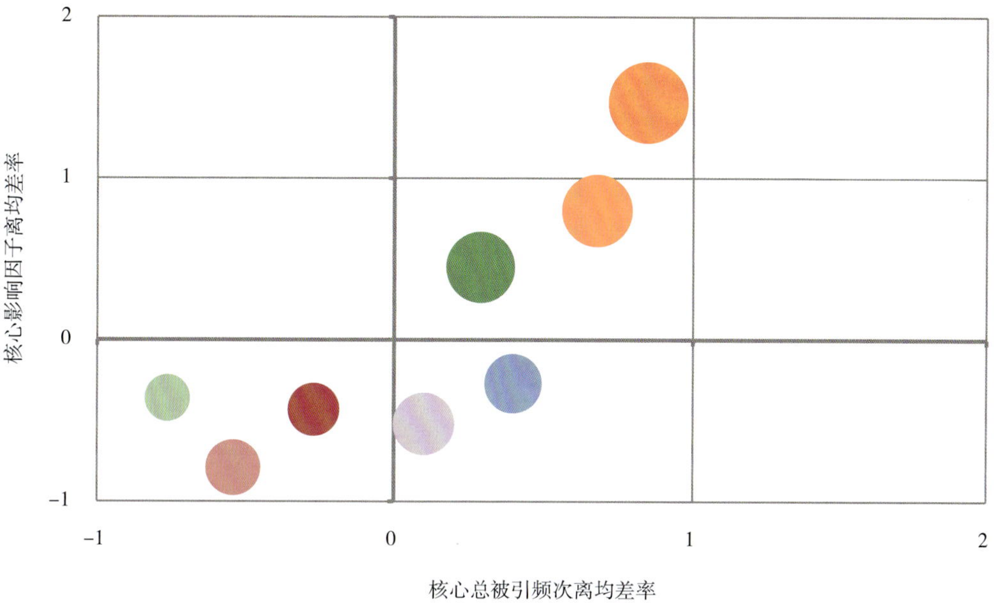

2021 年生态农业经济学类期刊核心总被引频次和核心影响因子离均差率的分布图
（节点大小表示综合评价总分）

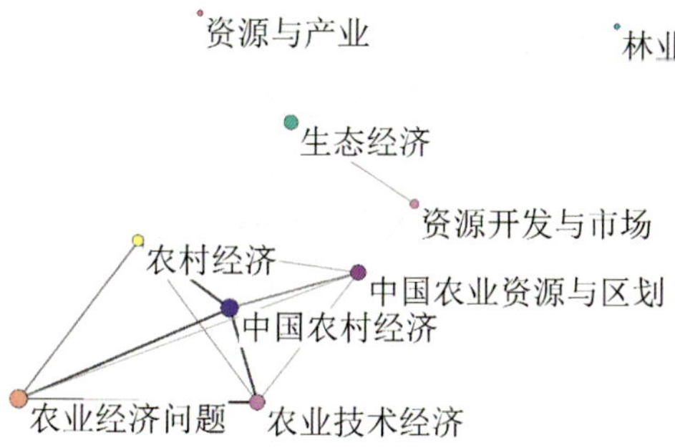

2021 年生态农业经济学类期刊互引关系示意图

表 6-18　2021 年生态农业经济学类期刊主要指标

CODE	刊名	核心总被引频次			核心影响因子			综合评价总分		学科扩散指标	学科影响指标	红点指数
		数值	排名	离均差率	数值	排名	离均差率	数值	排名			
S242	林业经济问题	550	8	−0.74	1.301	5	−0.35	10.3	9	12.56	1.00	0.20
S839	农村经济	1560	6	−0.27	1.147	7	−0.43	37.5	7	30.33	1.00	0.38
S778	农业技术经济	2774	4	0.29	2.894	3	0.45	67.5	3	34.22	1.00	0.23
S779	农业经济问题	3609	2	0.68	3.587	2	0.80	70.1	2	41.56	1.00	0.37
S784	生态经济	2368	5	0.10	0.952	8	−0.52	49.4	4	53.89	1.00	0.46
S804	中国农村经济	3967	1	0.85	4.942	1	1.47	88.5	1	41.56	1.00	0.30
H221	中国农业资源与区划	3019	3	0.40	1.451	4	−0.27	47.2	5	43.89	1.00	0.46
S728	资源开发与市场	989	7	−0.54	0.428	9	−0.79	42.1	6	37.22	0.89	0.38
S446	资源与产业	508	9	−0.76	1.270	6	−0.36	29.3	8	22.00	0.56	0.45
9 种期刊平均值		2149			1.997							

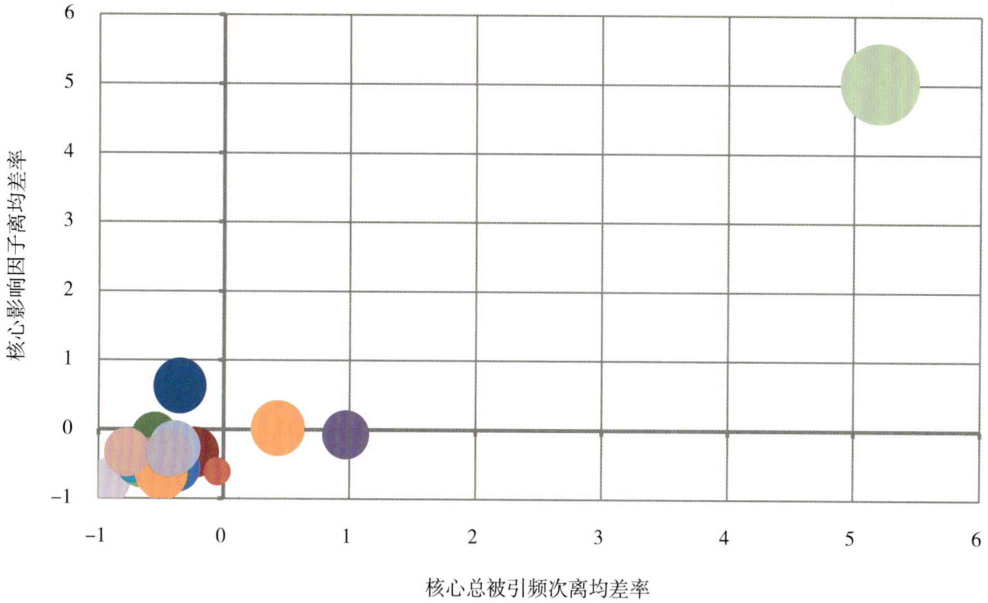

2021 年工商业经济学类期刊核心总被引频次和核心影响因子离均差率的分布图
（节点大小表示综合评价总分）

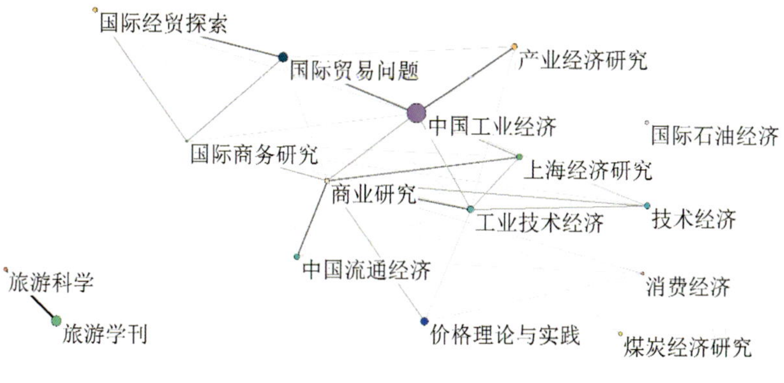

2021 年工商业经济学类期刊互引关系示意图

表 6-19　2021 年工商业经济学类期刊主要指标

CODE	刊名	核心总被引频次			核心影响因子			综合评价总分		学科扩散指标	学科影响指标	红点指标
		数值	排名	离均差率	数值	排名	离均差率	数值	排名			
S159	产业经济研究	1009	6	−0.35	2.728	2	0.63	43.8	3	13.00	0.94	0.70
J067	工业技术经济	1195	5	−0.23	1.124	7	−0.33	36.5	7	18.88	0.81	0.58
S831	国际经贸探索	695	11	−0.55	1.515	5	−0.10	33.0	10	11.56	0.81	0.43
S750	国际贸易问题	2201	3	0.43	1.707	3	0.02	44.0	2	14.63	0.88	0.49
S751	国际商务研究	129	16	−0.92	0.413	16	−0.75	28.1	13	5.06	0.63	0.30
L042	国际石油经济	521	13	−0.66	0.635	14	−0.62	9.7	16	9.13	0.25	0.35
S718	技术经济	980	7	−0.37	0.734	11	−0.56	32.7	11	16.56	0.63	0.36
S832	价格理论与实践	1473	4	−0.05	0.658	13	−0.61	11.3	14	20.00	0.63	0.34
S245	旅游科学	542	12	−0.65	0.863	10	−0.48	36.8	6	8.31	0.38	0.17
S616	旅游学刊	3034	2	0.97	1.556	4	−0.07	34.0	8	16.69	0.44	0.10
S637	煤炭经济研究	421	14	−0.73	0.696	12	−0.58	10.7	15	6.44	0.31	0.61
S835	商业研究	780	10	−0.49	0.620	15	−0.63	42.7	4	16.38	0.75	0.38
S781	上海经济研究	945	8	−0.39	1.236	6	−0.26	40.6	5	15.50	0.94	0.41
S836	消费经济	353	15	−0.77	1.117	8	−0.33	33.6	9	9.63	0.63	0.34
S800	中国工业经济	9572	1	5.20	10.094	1	5.03	93.5	1	25.94	0.94	0.28
S838	中国流通经济	859	9	−0.44	1.101	9	−0.34	31.6	12	16.31	0.69	0.29
	16 种期刊平均值	1544			1.675							

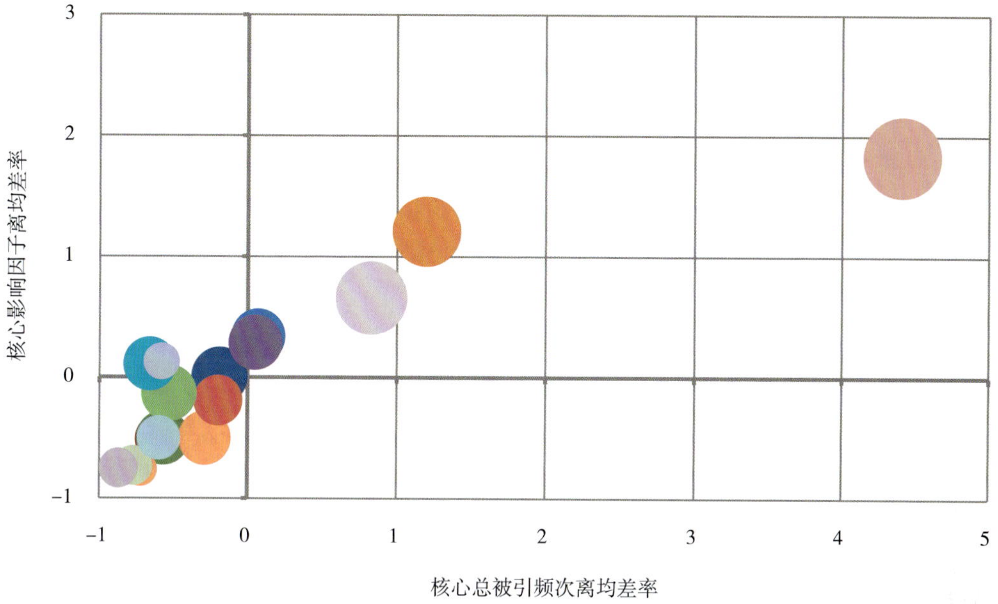

2021 年财政学、金融学、保险学类期刊核心总被引频次和核心影响因子离均差率的分布图
（节点大小表示综合评价总分）

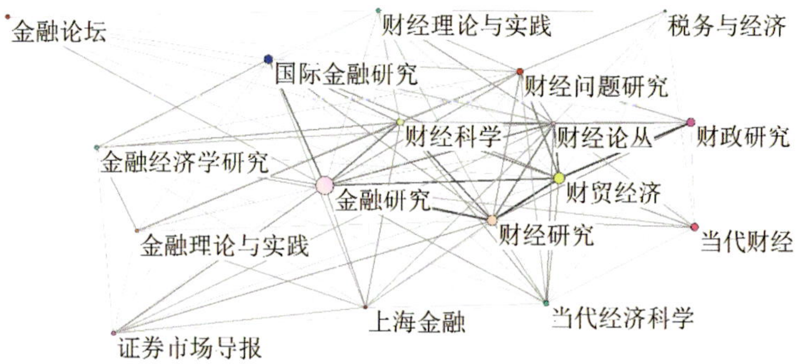

2021 年财政学、金融学、保险学类期刊互引关系示意图

表 6-20　2021 年财政学、金融学、保险学类期刊主要指标

CODE	刊名	核心总被引频次			核心影响因子			综合评价总分		学科扩散指标	学科影响指标	红点指标
		数值	排名	离均差率	数值	排名	离均差率	数值	排名			
S731	财经科学	1110	6	−0.19	1.709	8	0.01	45.3	4	15.76	1.00	0.34
S647	财经理论与实践	563	12	−0.59	0.823	14	−0.51	34.4	11	11.47	0.94	0.35
S147	财经论丛	592	10	−0.57	0.850	11	−0.50	39.4	9	11.35	1.00	0.32
S732	财经问题研究	983	8	−0.29	0.846	12	−0.50	39.5	8	16.18	0.94	0.41
S733	财经研究	2525	3	0.83	2.796	3	0.66	67.8	2	17.65	1.00	0.31
S734	财贸经济	3027	2	1.20	3.734	2	1.21	66.7	3	16.71	1.00	0.36
S735	财政研究	1474	4	0.07	2.264	4	0.34	41.4	6	14.06	1.00	0.27
S738	当代财经	1104	7	−0.20	1.361	10	−0.19	33.9	12	13.59	1.00	0.38
S739	当代经济科学	647	9	−0.53	1.471	9	−0.13	42.4	5	12.41	1.00	0.55
S746	国际金融研究	1446	5	0.05	2.173	5	0.29	41.1	7	10.71	1.00	0.51
S226	金融经济学研究	469	14	−0.66	1.876	7	0.11	38.9	10	7.76	0.94	0.48
S652	金融理论与实践	390	15	−0.72	0.409	17	−0.76	15.9	17	9.00	0.71	0.47
S227	金融论坛	583	11	−0.58	1.914	6	0.13	18.0	16	8.29	0.88	0.47
S757	金融研究	7449	1	4.41	4.777	1	1.83	88.4	1	16.76	1.00	0.33
S268	上海金融	311	16	−0.77	0.450	15	−0.73	21.5	15	7.71	0.94	0.47
S656	税务与经济	173	17	−0.87	0.415	16	−0.75	21.7	14	6.18	0.59	0.29
S659	证券市场导报	557	13	−0.60	0.841	13	−0.50	26.0	13	7.47	0.88	0.43
	17 种期刊平均值	1377			1. 689							

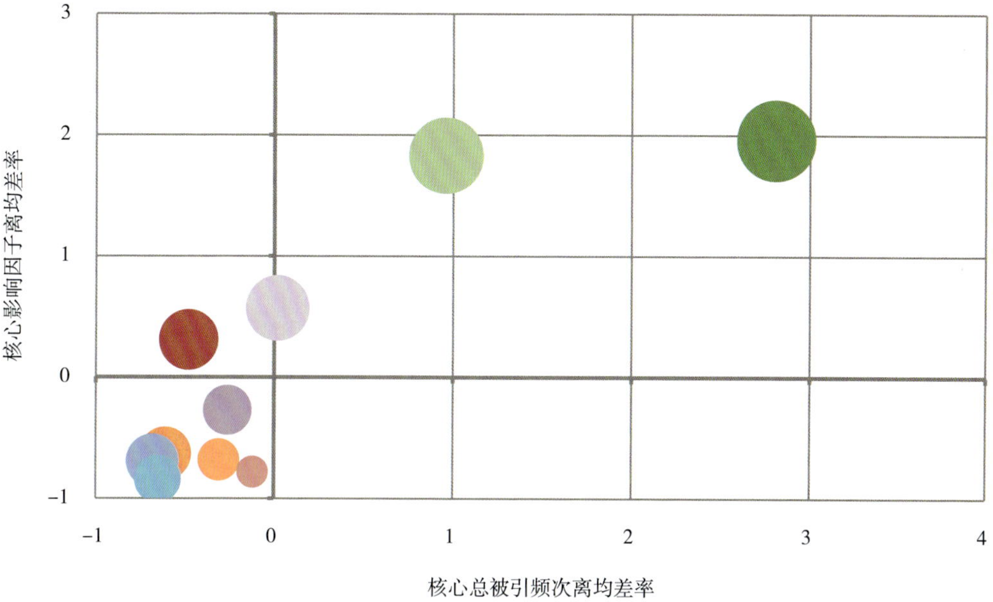

2021 年政治学综合类期刊核心总被引频次和核心影响因子离均差率的分布图
（节点大小表示综合评价总分）

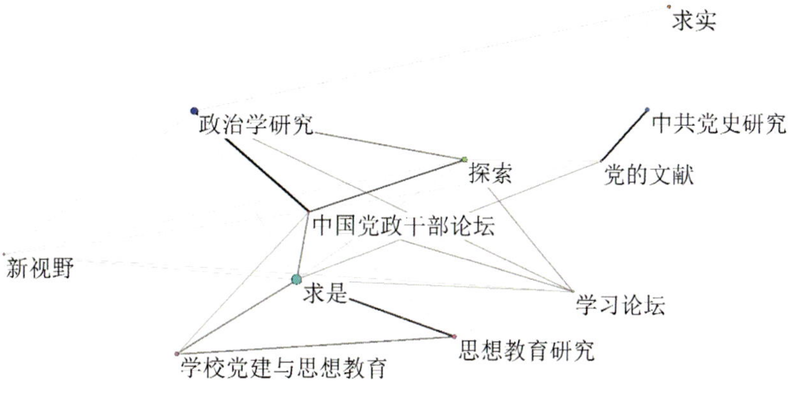

2021 年政治学综合类期刊互引关系示意图

表 6-21 2021 年政治学综合类期刊主要指标

CODE	刊名	核心总被引频次			核心影响因子			综合评价总分		学科扩散指标	学科影响指标	红点指标
		数值	排名	离均差率	数值	排名	离均差率	数值	排名			
S167	党的文献	200	10	−0.66	0.176	9	−0.77	26.0	9	8.00	0.45	0.38
S261	求实	311	7	−0.48	1.011	4	0.31	44.9	4	14.64	0.55	0.41
S956	求是	2261	1	2.81	2.286	1	1.96	80.0	1	33.18	0.82	0.00
S290	思想教育研究	407	6	−0.31	0.245	7	−0.68	21.9	10	9.73	0.36	0.63
S297	探索	603	3	0.02	1.212	3	0.57	49.5	3	16.55	0.64	0.49
S350	新视野	231	8	−0.61	0.287	6	−0.63	34.9	6	11.91	0.45	0.24
S361	学习论坛	188	11	−0.68	0.243	8	−0.69	35.6	5	10.64	0.55	0.43
S363	学校党建与思想教育	520	4	−0.12	0.171	10	−0.78	12.8	11	12.18	0.45	0.68
S382	政治学研究	1162	2	0.96	2.190	2	1.83	70.6	2	20.73	0.73	0.22
S386	中共党史研究	436	5	−0.26	0.562	5	−0.27	30.2	7	11.45	0.64	0.09
S396	中国党政干部论坛	208	9	−0.65	0.124	11	−0.84	28.3	8	11.45	0.55	0.10
	11 种期刊平均值	593			0. 773							

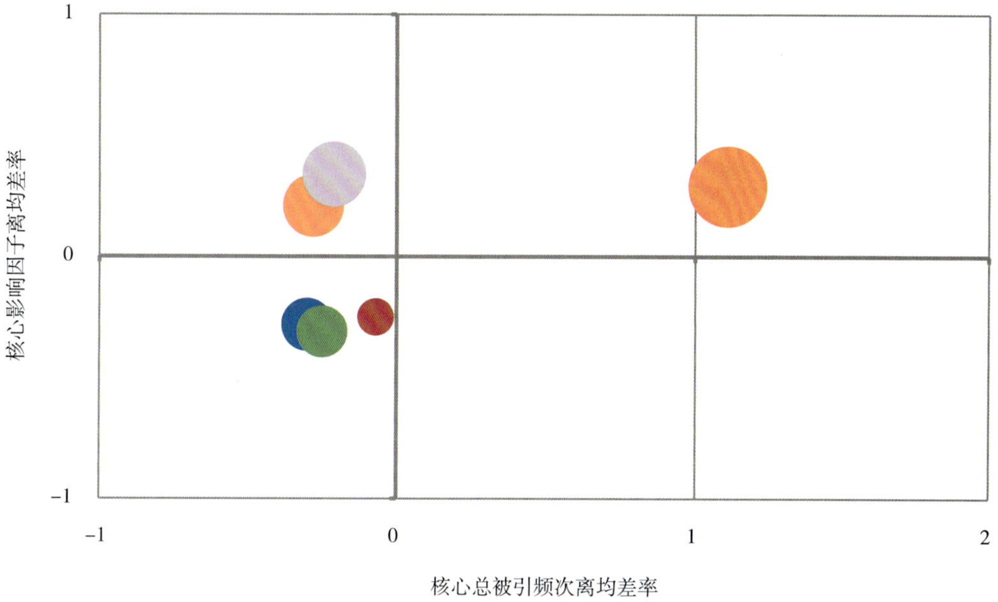

2021 年政治大学学报类期刊核心总被引频次和核心影响因子离均差率的分布图
（节点大小表示综合评价总分）

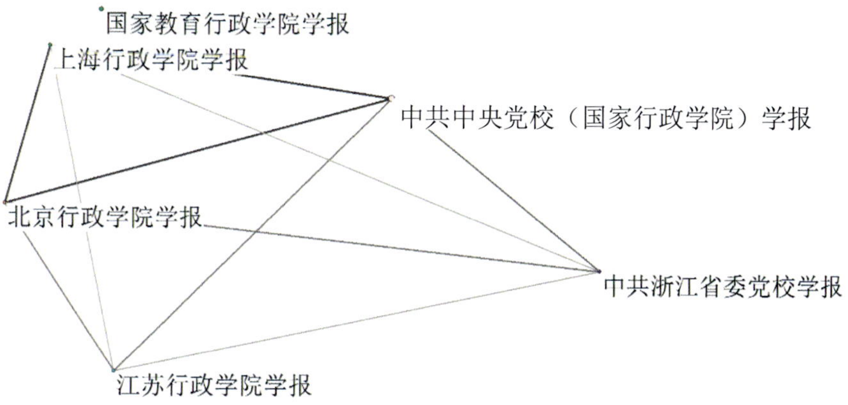

2021 年政治大学学报类期刊互引关系示意图

表 6-22　2021 年政治大学学报类期刊主要指标

CODE	刊名	核心总被引频次			核心影响因子			综合评价总分		学科扩散指标	学科影响指标	红点指标
		数值	排名	离均差率	数值	排名	离均差率	数值	排名			
S156	北京行政学院学报	351	6	-0.30	0.559	5	-0.28	34.9	4	30.50	0.83	0.29
S195	国家教育行政学院学报	467	2	-0.07	0.583	4	-0.25	17.4	6	21.17	0.33	0.20
S219	江苏行政学院学报	377	4	-0.25	0.540	6	-0.31	33.3	5	32.00	0.83	0.15
S267	上海行政学院学报	361	5	-0.28	0.941	3	0.21	48.4	3	27.00	1.00	0.30
S390	中共浙江省委党校学报	395	3	-0.21	1.038	1	0.34	49.2	2	30.00	1.00	0.14
S193	中共中央党校（国家行政学院）学报	1057	1	1.11	1.000	2	0.29	81.3	1	50.67	0.83	0.34
	6 种期刊平均值	501			0.777							

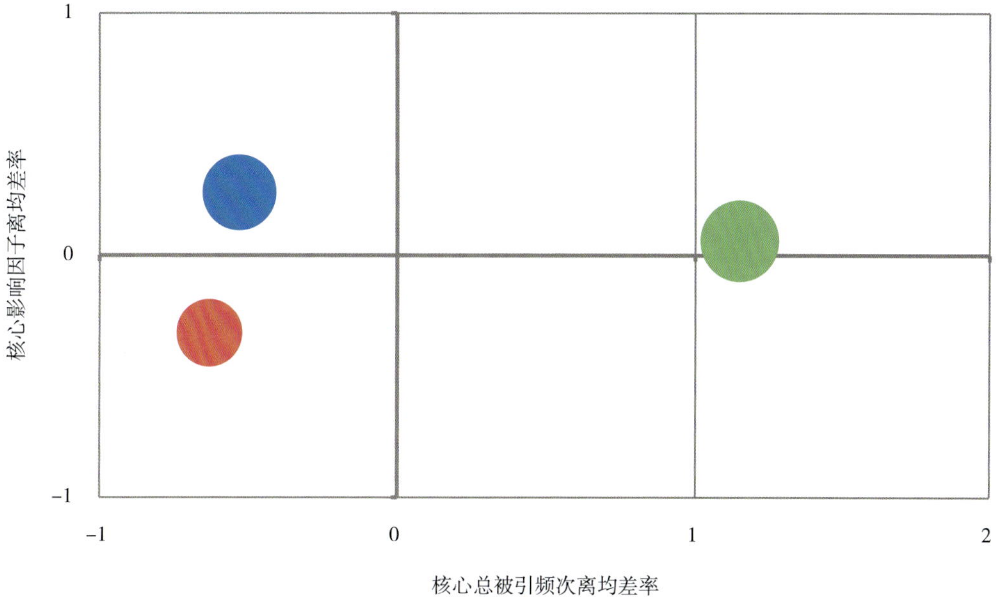

2021 年行政学类期刊核心总被引频次和核心影响因子离均差率的分布图
（节点大小表示综合评价总分）

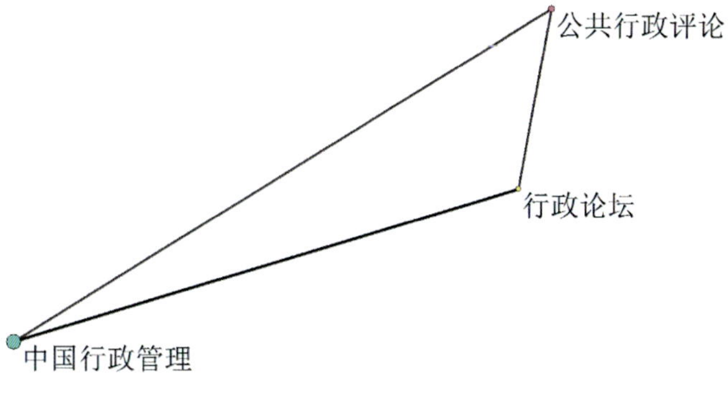

2021 年行政学类期刊互引关系示意图

表 6-23　2021 年行政学类期刊主要指标

CODE	刊名	核心总被引频次			核心影响因子			综合评价总分		学科扩散指标	学科影响指标	红点指标
		数值	排名	离均差率	数值	排名	离均差率	数值	排名			
S183	公共行政评论	700	2	−0.53	1.962	1	0.26	46.3	2	69.00	1.00	0.13
S201	行政论坛	557	3	−0.63	1.056	3	−0.32	37.0	3	64.33	1.00	0.41
S405	中国行政管理	3200	1	1.15	1.650	2	0.06	53.1	1	139.00	1.00	0.20
3 种期刊平均值		1486			1. 556							

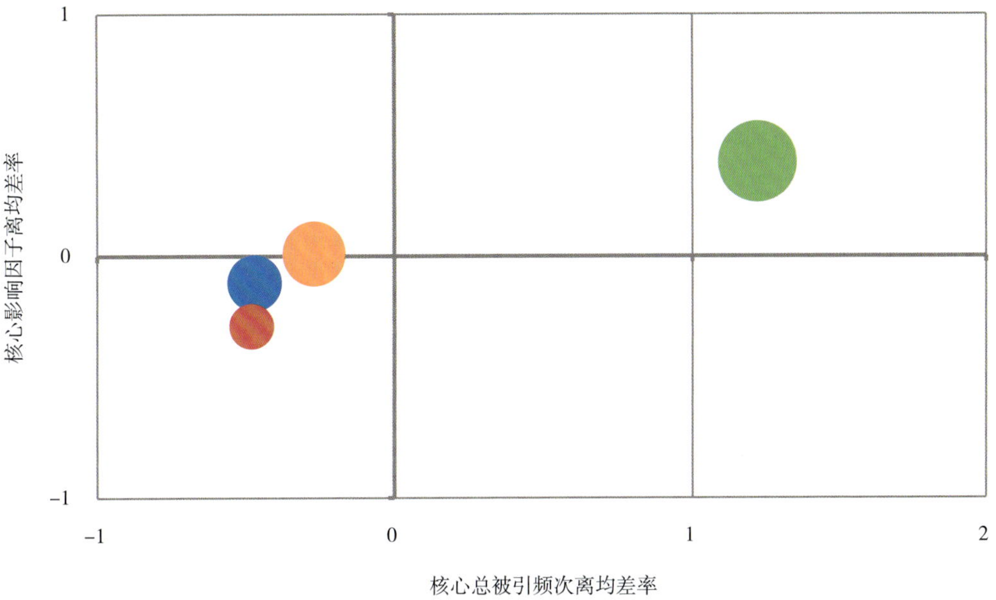

2021 年国际政治学、外交学类期刊核心总被引频次和核心影响因子离均差率的分布图
（节点大小表示综合评价总分）

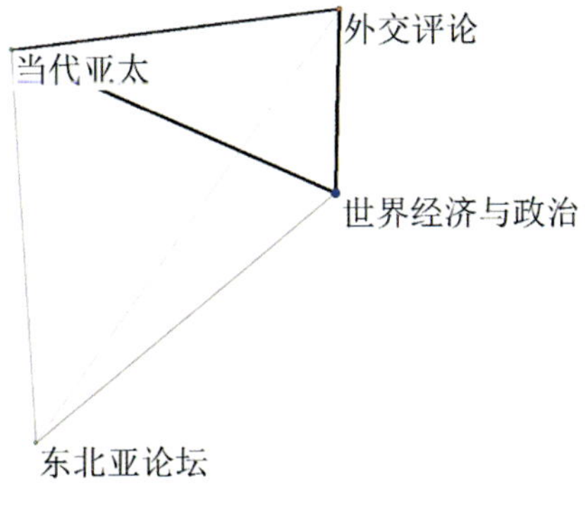

2021 年国际政治学、外交学类期刊互引关系示意图

表 6-24　2021 年国际政治学、外交学类期刊主要指标

CODE	刊名	核心总被引频次			核心影响因子			综合评价总分		学科扩散指标	学科影响指标	红点指标
		数值	排名	离均差率	数值	排名	离均差率	数值	排名			
S164	当代亚太	238	3	−0.47	1.217	3	−0.11	30.1	3	15.75	1.00	0.23
S171	东北亚论坛	233	4	−0.48	0.971	4	−0.29	20.0	4	23.75	1.00	0.30
S788	世界经济与政治	993	1	1.22	1.890	1	0.39	63.1	1	43.25	1.00	0.28
S320	外交评论	327	2	−0.27	1.369	2	0.01	40.0	2	22.25	1.00	0.43
4 种期刊平均值		448			1. 362							

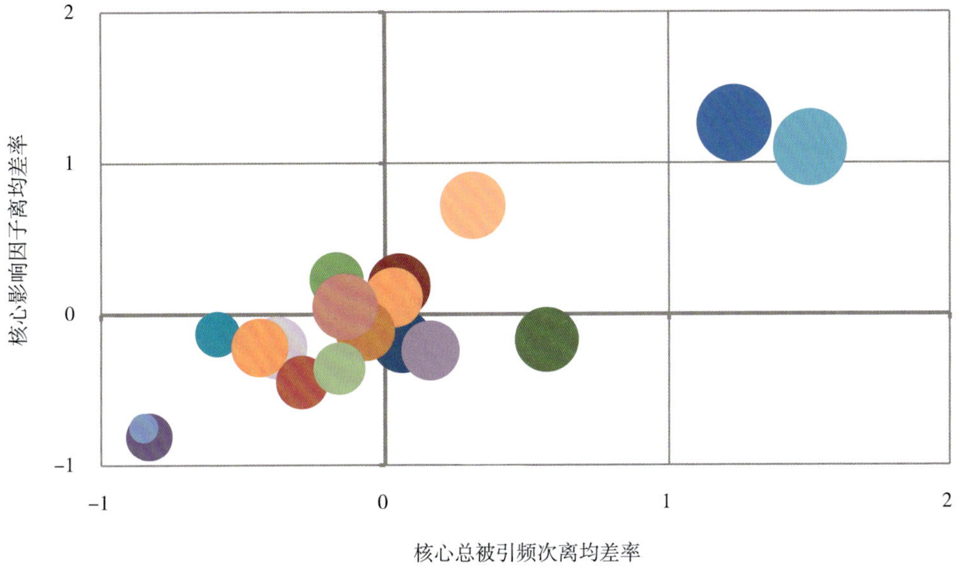

2021 年法学综合类期刊核心总被引频次和核心影响因子离均差率的分布图
（节点大小表示综合评价总分）

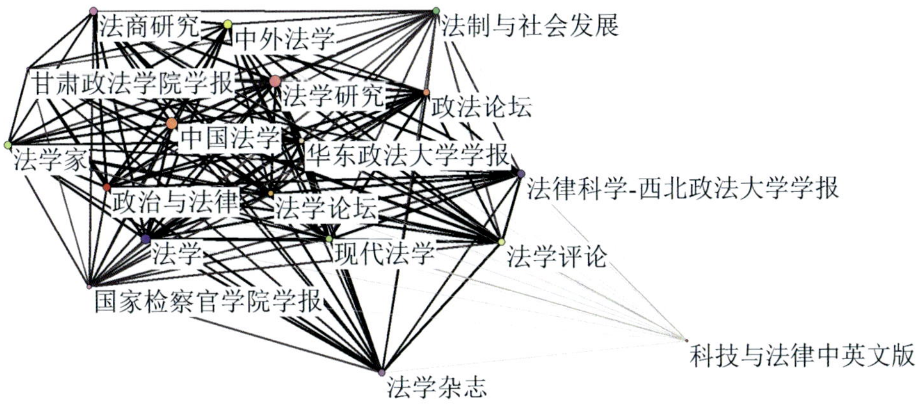

2021 年法学综合类期刊互引关系示意图

表 6-25　2021 年法学综合类期刊主要指标

CODE	刊名	核心总被引频次			核心影响因子			综合评价总分		学科扩散指标	学科影响指标	红点指标
		数值	排名	离均差率	数值	排名	离均差率	数值	排名			
S621	法律科学-西北政法大学学报	1245	6	0.06	1.325	11	−0.18	52.3	7	11.22	1.00	0.31
S622	法商研究	1237	7	0.05	1.914	5	0.19	54.0	6	10.00	1.00	0.35
S623	法学	1840	3	0.57	1.337	10	−0.17	55.4	5	11.00	1.00	0.24
S624	法学家	1207	8	0.03	1.788	6	0.11	47.3	10	8.11	1.00	0.29
S178	法学论坛	731	14	−0.38	1.267	12	−0.22	48.1	8	9.11	1.00	0.29
S625	法学评论	1090	9	−0.07	1.441	8	−0.11	47.9	9	10.39	1.00	0.27
S626	法学研究	2620	2	1.23	3.649	1	1.26	78.0	1	11.94	1.00	0.34
S319	法学杂志	833	13	−0.29	0.887	16	−0.45	37.4	14	10.50	1.00	0.29
S627	法制与社会发展	975	12	−0.17	1.986	4	0.23	39.4	13	8.22	1.00	0.29
S181	甘肃政法学院学报	198	17	−0.83	0.303	18	−0.81	30.1	16	5.17	1.00	0.25
S194	国家检察官学院学报	486	16	−0.59	1.398	9	−0.13	27.6	17	5.28	1.00	0.43
S214	华东政法大学学报	658	15	−0.44	1.256	13	−0.22	45.3	12	7.33	1.00	0.27
W027	科技与法律中英文版	173	18	−0.85	0.397	17	−0.75	11.4	18	4.94	0.61	0.42
S630	现代法学	1010	10	−0.14	1.688	7	0.05	57.3	4	9.17	1.00	0.38
S619	政法论坛	984	11	−0.16	1.032	15	−0.36	35.6	15	8.56	1.00	0.24
S383	政治与法律	1362	5	0.16	1.232	14	−0.24	47.1	11	9.22	1.00	0.27
S633	中国法学	2931	1	1.50	3.386	2	1.10	77.5	2	13.33	1.00	0.41
S634	中外法学	1536	4	0.31	2.778	3	0.72	59.8	3	8.83	1.00	0.22
	18 种期刊平均值	1173			1. 615							

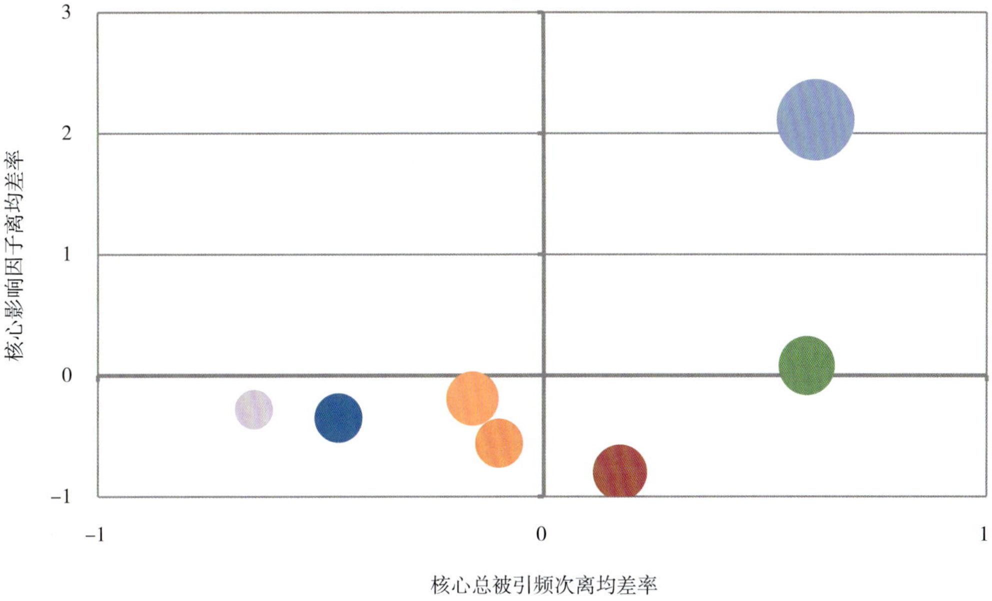

2021 年部门法学、刑事侦查学、司法鉴定学类期刊核心总被引频次和核心影响因子离均差率的分布图（节点大小表示综合评价总分）

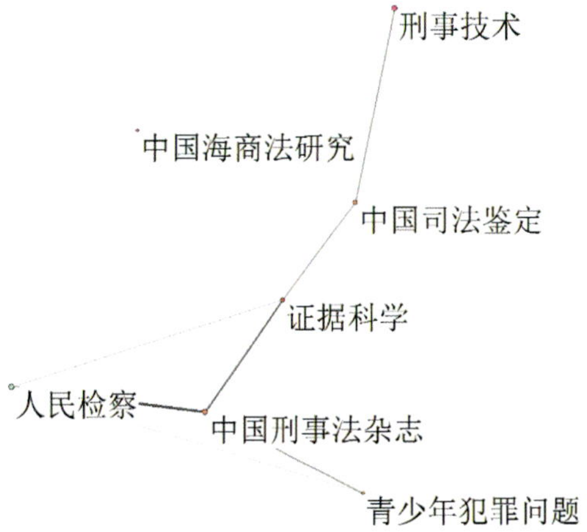

2021 年部门法学、刑事侦查学、司法鉴定学类期刊互引关系示意图

表 6-26　2021 年部门法学、刑事侦查学、司法鉴定学类期刊主要指标

CODE	刊名	核心总被引频次			核心影响因子			综合评价总分		学科扩散指标	学科影响指标	红点指标
		数值	排名	离均差率	数值	排名	离均差率	数值	排名			
S260	青少年犯罪问题	191	6	−0.46	0.404	5	−0.35	34.9	6	6.00	0.57	0.10
S628	人民检察	413	3	0.17	0.122	7	−0.80	44.5	3	9.86	0.86	0.13
S582	刑事技术	561	2	0.59	0.665	2	0.08	49.7	2	13.43	0.43	0.35
G352	证据科学	297	5	−0.16	0.500	3	−0.19	42.1	4	9.00	0.86	0.23
S404	中国海商法研究	125	7	−0.65	0.447	4	−0.28	20.5	7	4.00	0.14	0.02
S587	中国司法鉴定	316	4	−0.10	0.269	6	−0.56	35.0	5	11.86	0.57	0.53
S428	中国刑事法杂志	569	1	0.61	1.922	1	2.11	94.8	1	10.57	0.86	0.22
	7 种期刊平均值	353			0. 618							

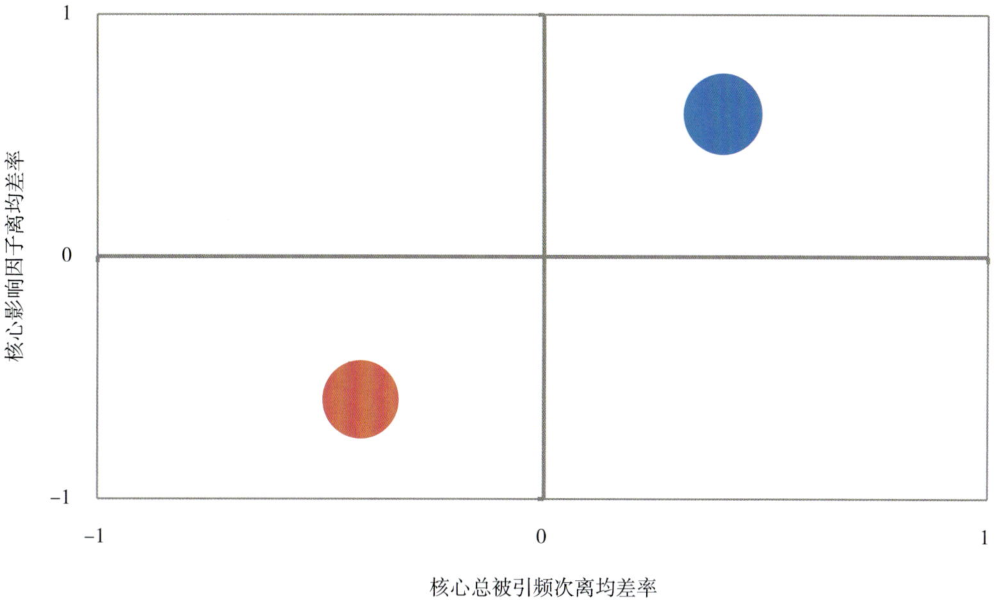

2021 年军事学类期刊核心总被引频次和核心影响因子离均差率的分布图
（节点大小表示综合评价总分）

2021 年军事学类期刊互引关系示意图

表 6-27 2021 年军事学类期刊主要指标

CODE	刊名	核心总被引频次			核心影响因子			综合评价总分		学科扩散指标	学科影响指标	红点指标
		数值	排名	离均差率	数值	排名	离均差率	数值	排名			
S232	军事运筹与系统工程	297	1	0.40	0.722	1	0.59	52.0	1	31.50	0.50	0.00
S235	抗日战争研究	126	2	-0.41	0.185	2	-0.59	48.0	2	18.50	0.50	0.22
2 种期刊平均值		212			0.454							

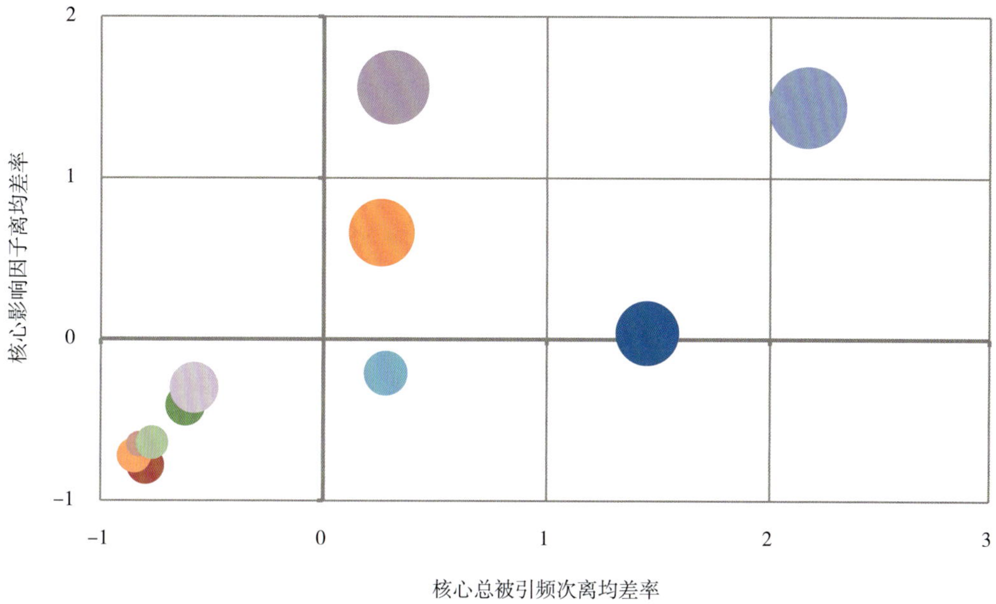

2021 年社会学综合类期刊核心总被引频次和核心影响因子离均差率的分布图
（节点大小表示综合评价总分）

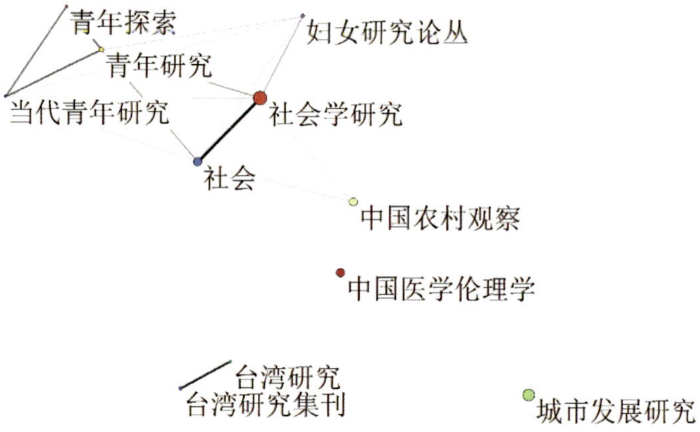

2021 年社会学综合类期刊互引关系示意图

表 6-28 2021 年社会学综合类期刊主要指标

CODE	刊名	核心总被引频次			核心影响因子			综合评价总分		学科扩散指标	学科影响指标	红点指标
		数值	排名	离均差率	数值	排名	离均差率	数值	排名			
S736	城市发展研究	2549	2	1.45	1.218	4	0.04	57.4	4	35.91	0.55	0.25
S161	当代青年研究	206	9	−0.80	0.261	11	−0.78	20.4	8	7.91	0.64	0.23
S852	妇女研究论丛	392	7	−0.62	0.692	7	−0.41	23.1	7	11.36	0.64	0.10
S258	青年探索	154	11	−0.85	0.330	10	−0.72	16.6	9	5.18	0.45	0.34
S259	青年研究	433	6	−0.58	0.825	6	−0.30	32.5	5	13.18	0.73	0.37
S270	社会	1310	5	0.26	1.948	3	0.66	61.5	3	24.82	0.82	0.04
S867	社会学研究	3304	1	2.17	2.860	2	1.44	89.6	1	33.18	1.00	0.10
S295	台湾研究	173	10	−0.83	0.415	9	−0.65	8.8	11	1.27	0.18	0.38
S296	台湾研究集刊	243	8	−0.77	0.421	8	−0.64	15.4	10	2.36	0.36	0.30
S803	中国农村观察	1362	3	0.31	3.000	1	1.56	74.2	2	23.36	0.73	0.18
G911	中国医学伦理学	1333	4	0.28	0.922	5	−0.21	27.2	6	21.91	0.27	0.64
	11 种期刊平均值	1042			1. 172							

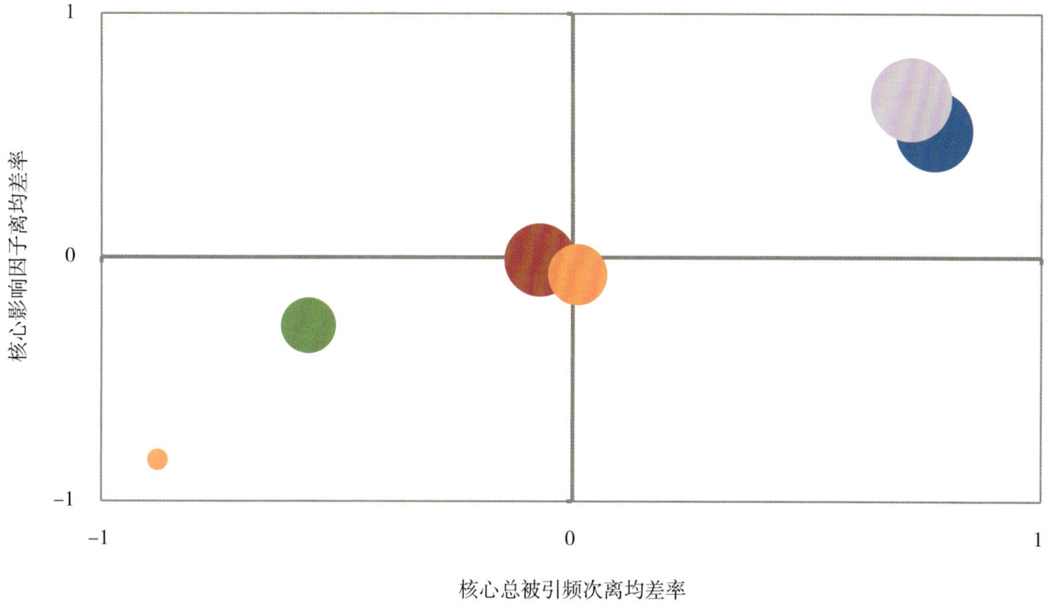

2021 年人口学、劳动科学类期刊核心总被引频次和核心影响因子离均差率的分布图
（节点大小表示综合评价总分）

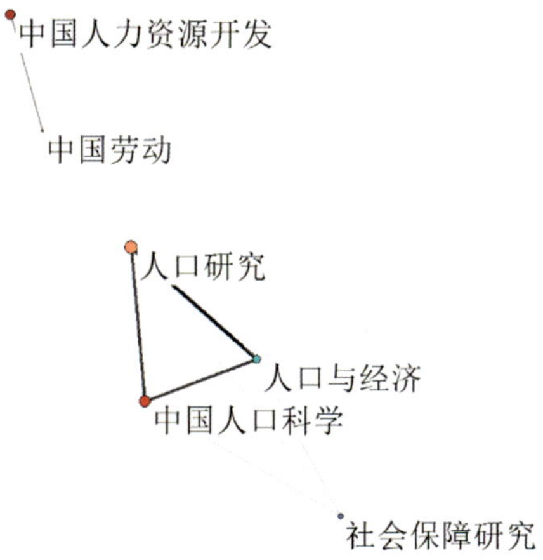

2021 年人口学、劳动科学类期刊互引关系示意图

表 6-29　2021 年人口学、劳动科学类期刊主要指标

CODE	刊名	核心总被引频次			核心影响因子			综合评价总分		学科扩散指标	学科影响指标	红点指标
		数值	排名	离均差率	数值	排名	离均差率	数值	排名			
S860	人口研究	1446	1	0.77	2.248	2	0.52	82.8	2	54.00	1.00	0.33
S862	人口与经济	764	4	−0.07	1.467	3	−0.01	68.2	3	43.00	1.00	0.21
S271	社会保障研究	364	5	−0.56	1.060	5	−0.28	40.2	5	23.00	0.83	0.22
S410	中国劳动	100	6	−0.88	0.257	6	−0.83	5.9	6	8.33	0.50	0.14
S874	中国人口科学	1410	2	0.72	2.439	1	0.65	85.4	1	51.50	1.00	0.29
S419	中国人力资源开发	831	3	0.01	1.378	4	−0.07	47.5	4	29.50	0.67	0.07
6 种期刊平均值		819			1.475							

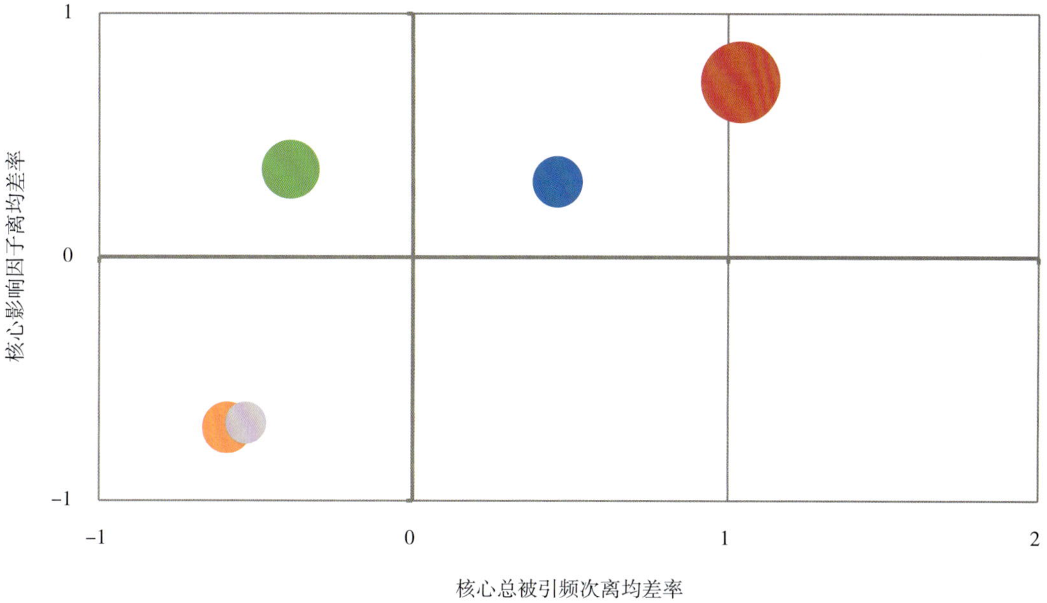

2021 年民族学与文化学类期刊核心总被引频次和核心影响因子离均差率的分布图
（节点大小表示综合评价总分）

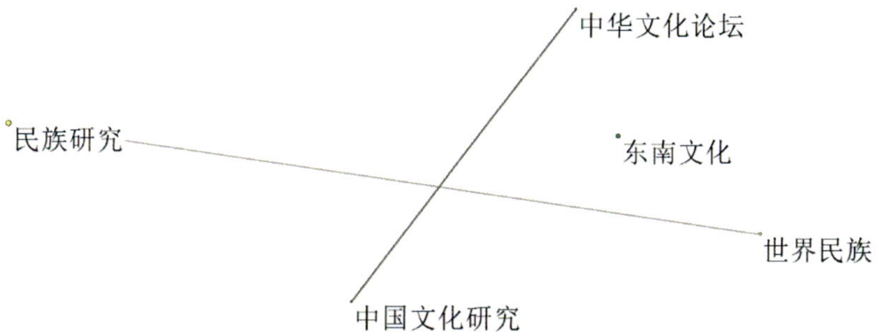

2021 年民族学与文化学类期刊互引关系示意图

表 6-30　2021 年民族学与文化学类期刊主要指标

CODE	刊名	核心总被引频次			核心影响因子			综合评价总分		学科扩散指标	学科影响指标	红点指标
		数值	排名	离均差率	数值	排名	离均差率	数值	排名			
S173	东南文化	371	2	0.46	0.318	3	0.31	35.3	3	17.60	0.60	0.49
S252	民族研究	519	1	1.04	0.417	1	0.72	88.0	1	26.60	0.60	0.22
S285	世界民族	156	3	-0.39	0.331	2	0.36	46.2	2	11.40	0.40	0.15
S426	中国文化研究	104	5	-0.59	0.073	5	-0.70	35.2	4	12.40	0.40	0.02
S435	中华文化论坛	119	4	-0.53	0.078	4	-0.68	21.4	5	11.20	0.40	0.03
	5 种期刊平均值	254			0. 243							

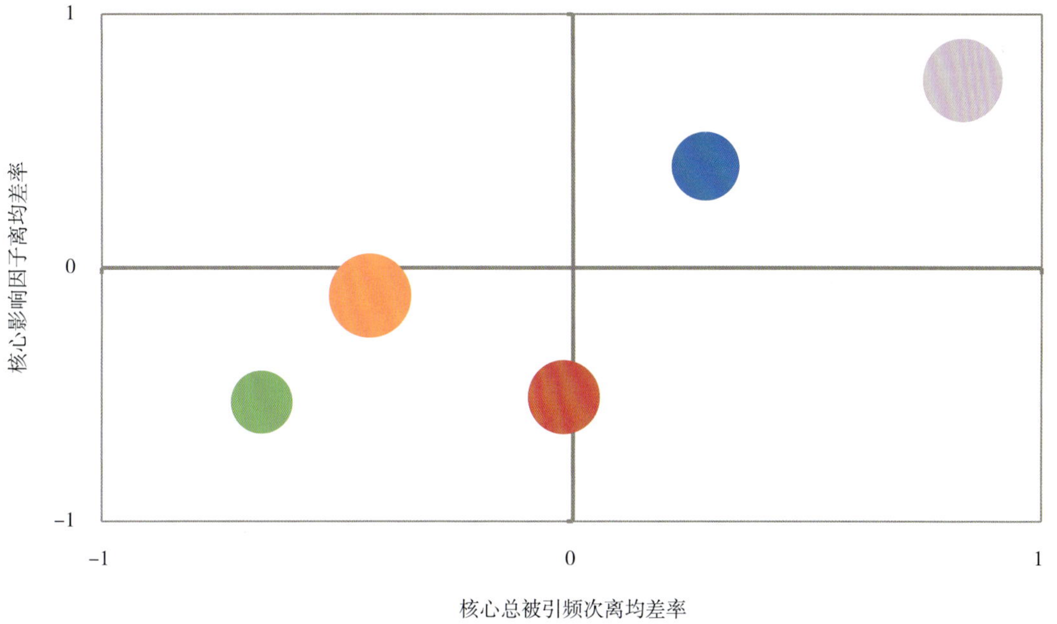

2021 年新闻学与传播学类期刊核心总被引频次和核心影响因子离均差率的分布图
（节点大小表示综合评价总分）

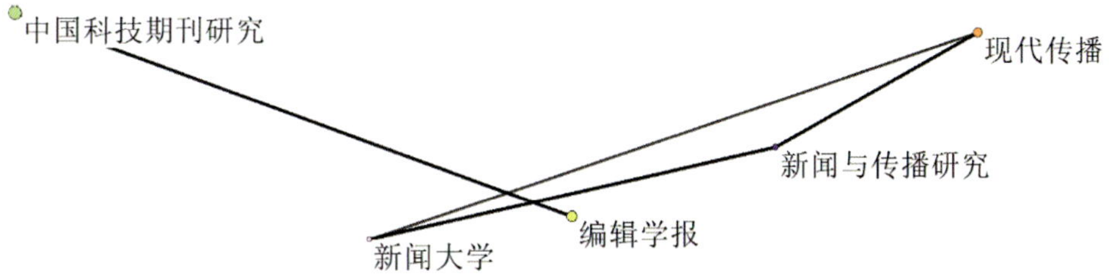

2021 年新闻学与传播学类期刊互引关系示意图

表 6-31　2021 年新闻学与传播学类期刊主要指标

CODE	刊名	核心总被引频次			核心影响因子			综合评价总分		学科扩散指标	学科影响指标	红点指标
		数值	排名	离均差率	数值	排名	离均差率	数值	排名			
A570	编辑学报	1275	2	0.28	1.383	2	0.40	38.5	4	21.40	0.40	0.65
S906	现代传播	969	3	-0.02	0.489	4	-0.51	44.0	3	39.20	1.00	0.24
S907	新闻大学	334	5	-0.66	0.467	5	-0.53	32.0	5	22.20	0.80	0.18
S909	新闻与传播研究	570	4	-0.43	0.886	3	-0.11	57.5	1	28.40	1.00	0.14
A583	中国科技期刊研究	1816	1	0.83	1.724	1	0.74	53.7	2	30.40	0.60	0.68
5 种期刊平均值		993			0.990							

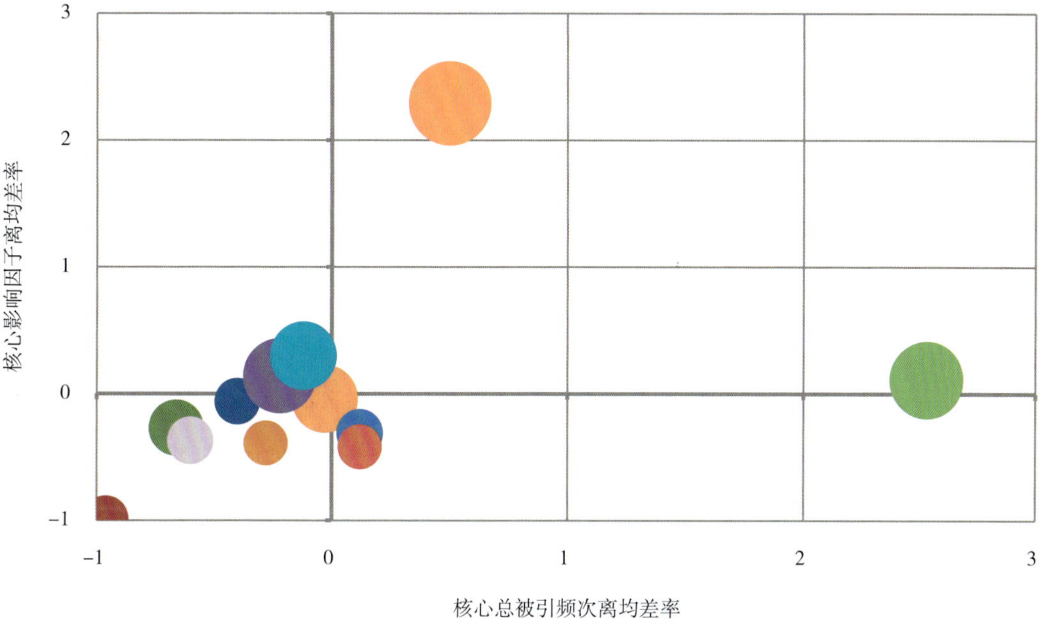

2021 年图书馆学、文献学类期刊核心总被引频次和核心影响因子离均差率的分布图
（节点大小表示综合评价总分）

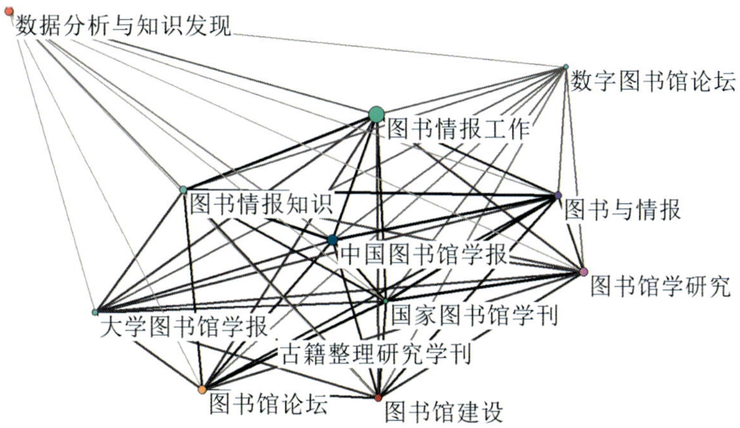

2021 年图书馆学、文献学类期刊互引关系示意图

表 6-32　2021 年图书馆学、文献学类期刊主要指标

CODE	刊名	核心总被引频次			核心影响因子			综合评价总分		学科扩散指标	学科影响指标	红点指标
		数值	排名	离均差率	数值	排名	离均差率	数值	排名			
S892	大学图书馆学报	749	9	−0.40	1.418	6	−0.06	23.2	9	6.33	0.92	0.67
S185	古籍整理研究学刊	55	12	−0.96	0.016	12	−0.99	23.6	8	2.92	0.25	0.00
S197	国家图书馆学刊	423	11	−0.66	1.102	7	−0.27	34.0	6	4.58	0.83	0.71
S850	数据分析与知识发现	1203	5	−0.03	1.447	5	−0.04	49.0	5	19.08	0.92	0.34
W022	数字图书馆论坛	493	10	−0.60	0.958	9	−0.37	22.6	10	7.50	0.92	0.60
S895	图书馆建设	894	8	−0.28	0.918	10	−0.39	21.7	12	5.42	0.92	0.49
S897	图书馆论坛	1397	3	0.12	1.036	8	−0.31	24.7	7	12.25	0.92	0.47
S308	图书馆学研究	1393	4	0.12	0.879	11	−0.42	22.0	11	12.58	0.92	0.64
S899	图书情报工作	4384	1	2.53	1.683	4	0.11	63.8	2	28.08	0.92	0.42
S900	图书情报知识	964	7	−0.22	1.725	3	0.14	59.9	3	12.50	0.92	0.39
S901	图书与情报	1091	6	−0.12	1.970	2	0.30	50.0	4	12.58	0.92	0.48
S902	中国图书馆学报	1866	2	0.50	4.972	1	2.29	75.6	1	14.58	0.92	0.64
	12 种期刊平均值	1243			1.510							

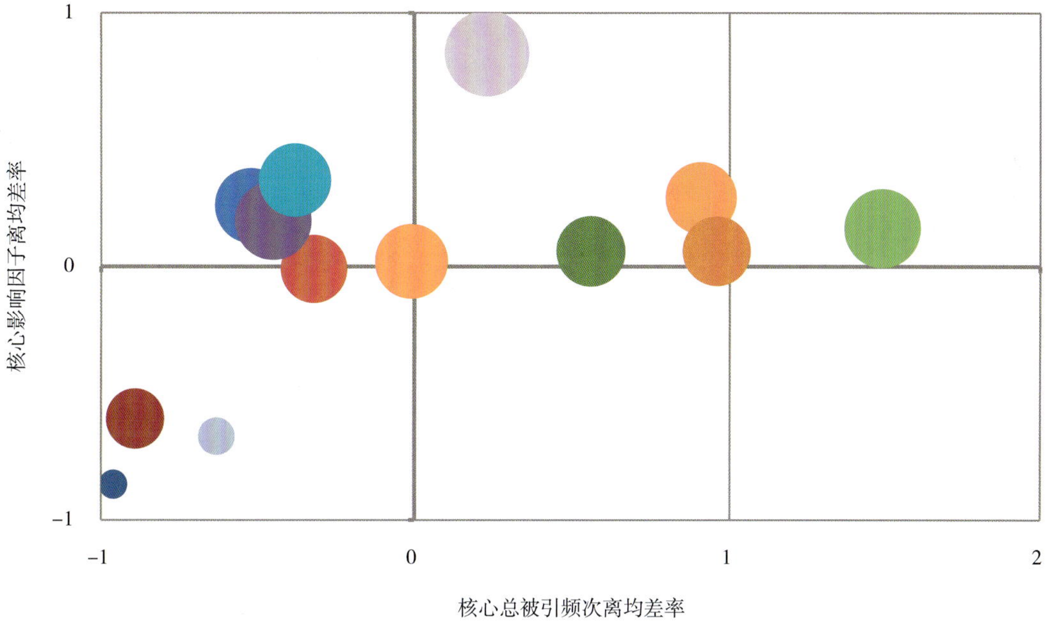

2021 年情报学类期刊核心总被引频次和核心影响因子离均差率的分布图
（节点大小表示综合评价总分）

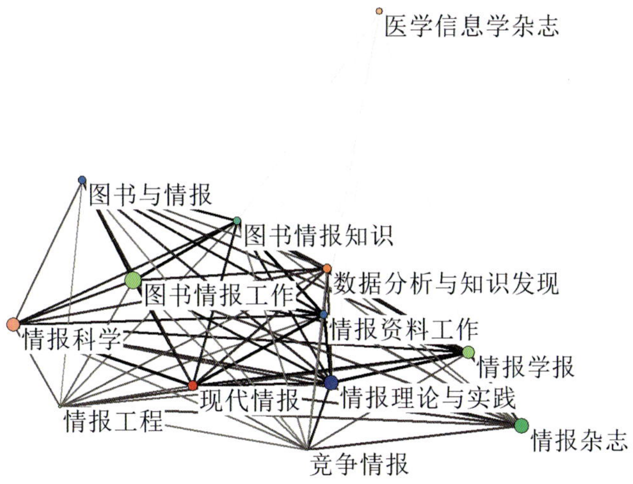

2021 年情报学类期刊互引关系示意图

表 6-33　2021 年情报学类期刊主要指标

CODE	刊名	核心总被引频次			核心影响因子			综合评价总分		学科扩散指标	学科影响指标	红点指标
		数值	排名	离均差率	数值	排名	离均差率	数值	排名			
S094	竞争情报	77	13	−0.96	0.202	13	−0.86	8.6	13	2.15	0.69	0.25
S844	情报工程	192	12	−0.89	0.586	11	−0.60	36.2	11	6.15	0.85	0.38
S846	情报科学	2753	4	0.56	1.558	7	0.06	49.4	8	31.08	1.00	0.57
S847	情报理论与实践	3370	3	0.91	1.870	3	0.27	51.7	7	27.15	1.00	0.54
W020	情报学报	2172	5	0.23	2.697	1	0.84	70.9	1	20.38	1.00	0.36
S848	情报杂志	3449	2	0.96	1.548	8	0.06	48.1	9	33.31	1.00	0.47
S849	情报资料工作	848	10	−0.52	1.812	4	0.24	56.3	4	9.00	1.00	0.63
S850	数据分析与知识发现	1203	7	−0.32	1.447	10	−0.01	46.2	10	17.62	1.00	0.50
S899	图书情报工作	4384	1	1.49	1.683	6	0.15	62.2	2	25.92	1.00	0.47
S900	图书情报知识	964	9	−0.45	1.725	5	0.18	61.2	3	11.54	1.00	0.46
S901	图书与情报	1091	8	−0.38	1.970	2	0.34	54.3	6	11.62	1.00	0.40
S309	现代情报	1737	6	−0.01	1.499	9	0.02	55.5	5	23.46	1.00	0.55
G865	医学信息学杂志	647	11	−0.63	0.480	12	−0.67	14.3	12	13.23	0.77	0.36
13 种期刊平均值		1761			1.467							

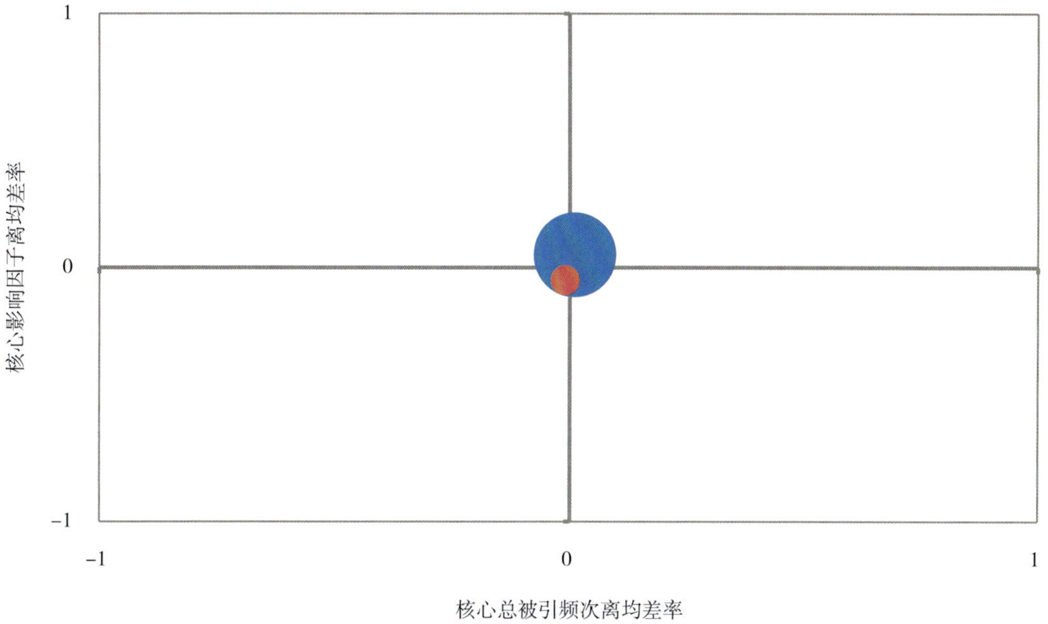

2021 年档案学、博物馆学类期刊核心总被引频次和核心影响因子离均差率的分布图
（节点大小表示综合评价总分）

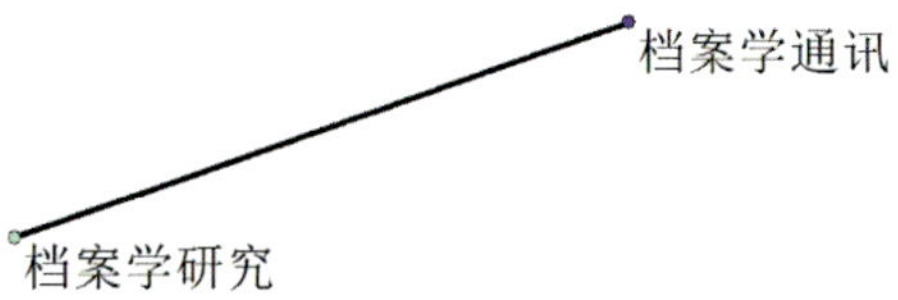

2021 年档案学、博物馆学类期刊互引关系示意图

表 6-34　2021 年档案学、博物馆学类期刊主要指标

CODE	刊名	核心总被引频次			核心影响因子			综合评价总分		学科扩散指标	学科影响指标	红点指标
		数值	排名	离均差率	数值	排名	离均差率	数值	排名			
S608	档案学通讯	607	1	0.01	1.063	1	0.05	80.0	1	27.50	1.00	0.20
S609	档案学研究	597	2	−0.01	0.967	2	−0.05	10.0	2	35.00	1.00	0.30
	2 种期刊平均值	602			1.015							

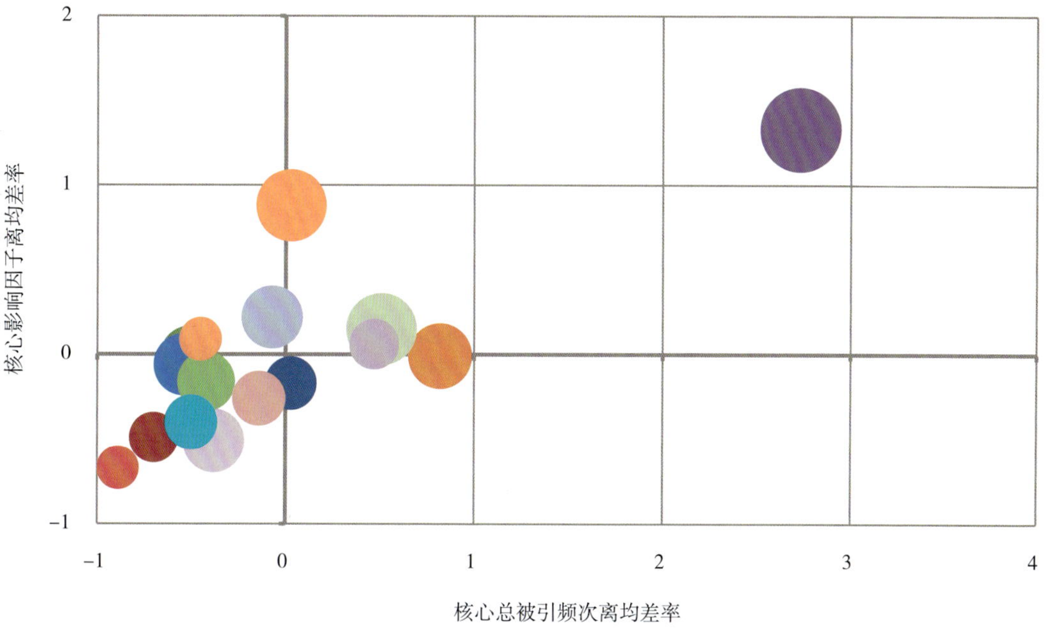

2021 年教育学综合类期刊核心总被引频次和核心影响因子离均差率的分布图
（节点大小表示综合评价总分）

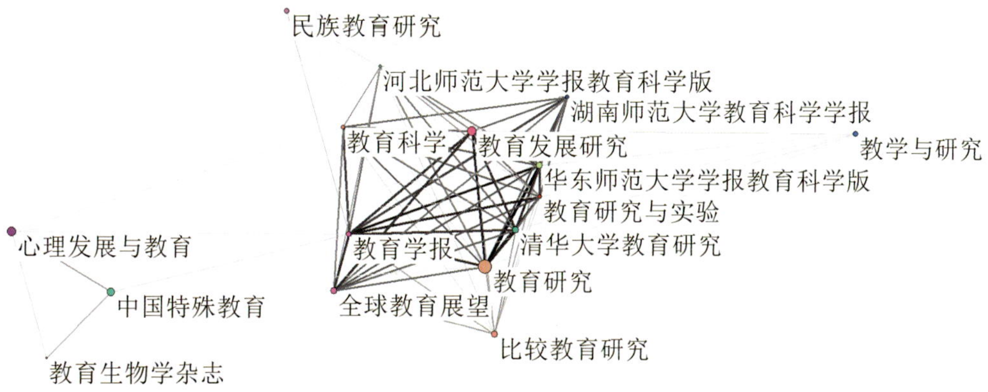

2021 年教育学综合类期刊互引关系示意图

表 6-35　2021 年教育学综合类期刊主要指标

CODE	刊名	核心总被引频次			核心影响因子			综合评价总分		学科扩散指标	学科影响指标	红点指标
		数值	排名	离均差率	数值	排名	离均差率	数值	排名			
S666	比较教育研究	769	6	0.03	0.649	11	−0.17	29.2	12	7.38	0.88	0.44
S204	河北师范大学学报教育科学版	223	15	−0.70	0.400	14	−0.49	26.2	14	5.31	0.81	0.25
S212	湖南师范大学教育科学学报	365	13	−0.51	0.771	7	−0.01	36.3	9	5.19	0.88	0.40
S673	华东师范大学学报教育科学版	775	5	0.03	1.463	2	0.88	53.7	2	10.06	1.00	0.29
S675	教学与研究	461	9	−0.38	0.384	15	−0.51	38.9	7	12.88	0.38	0.21
S676	教育发展研究	1365	2	0.82	0.767	8	−0.01	44.1	4	11.38	0.94	0.29
S677	教育科学	348	14	−0.54	0.728	9	−0.06	39.3	6	6.31	0.88	0.37
S415	教育生物学杂志	85	16	−0.89	0.256	16	−0.67	19.3	16	3.00	0.19	0.40
S224	教育学报	434	10	−0.42	0.652	10	−0.16	36.5	8	6.56	0.94	0.29
S681	教育研究	2792	1	2.73	1.816	1	1.33	73.1	1	14.31	0.88	0.36
S682	教育研究与实验	374	12	−0.50	0.470	13	−0.40	30.9	10	7.25	0.94	0.33
S249	民族教育研究	412	11	−0.45	0.847	5	0.09	19.6	15	4.44	0.63	0.51
S687	清华大学教育研究	696	7	−0.07	0.952	3	0.22	41.0	5	10.75	0.81	0.29
S688	全球教育展望	646	8	−0.14	0.576	12	−0.26	30.6	11	6.56	0.94	0.25
S700	心理发展与教育	1134	3	0.51	0.896	4	0.15	53.5	3	11.63	0.88	0.34
S714	中国特殊教育	1101	4	0.47	0.828	6	0.06	26.3	13	8.69	0.81	0.38
	16 种期刊平均值	749			0.778							

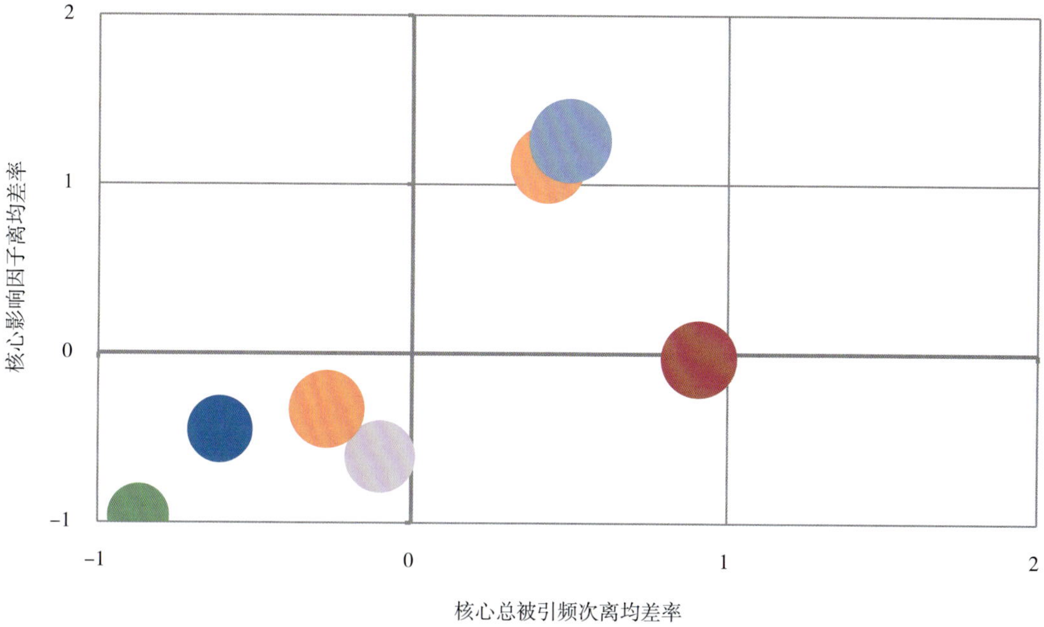

2021 年学前教育学、普通教育学类期刊核心总被引频次和核心影响因子离均差率的分布图
（节点大小表示综合评价总分）

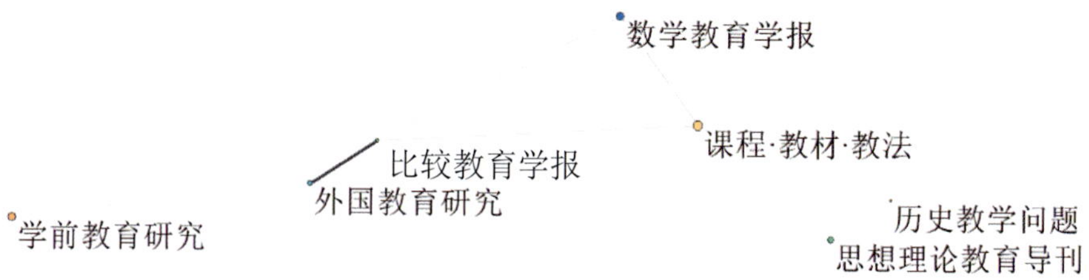

2021 年学前教育学、普通教育学类期刊互引关系示意图

表 6-36　2021 年学前教育学、普通教育学类期刊主要指标

CODE	刊名	核心总被引频次			核心影响因子			综合评价总分		学科扩散指标	学科影响指标	红点指标
		数值	排名	离均差率	数值	排名	离均差率	数值	排名			
S695	比较教育学报	196	6	−0.61	0.301	5	−0.45	42.2	6	8.43	0.71	0.29
S236	课程・教材・教法	956	1	0.91	0.536	3	−0.03	55.0	4	12.86	1.00	0.33
S239	历史教学问题	65	7	−0.87	0.022	7	−0.96	37.3	7	6.00	0.29	0.15
B523	数学教育学报	715	3	0.43	1.170	2	1.12	56.7	2	4.29	0.43	0.12
S291	思想理论教育导刊	449	4	−0.10	0.215	6	−0.61	45.9	5	20.57	0.71	0.59
S694	外国教育研究	367	5	−0.27	0.371	4	−0.33	55.9	3	12.29	0.71	0.52
S703	学前教育研究	750	2	0.50	1.247	1	1.26	65.6	1	11.86	0.71	0.18
7 种期刊平均值		500			0.552							

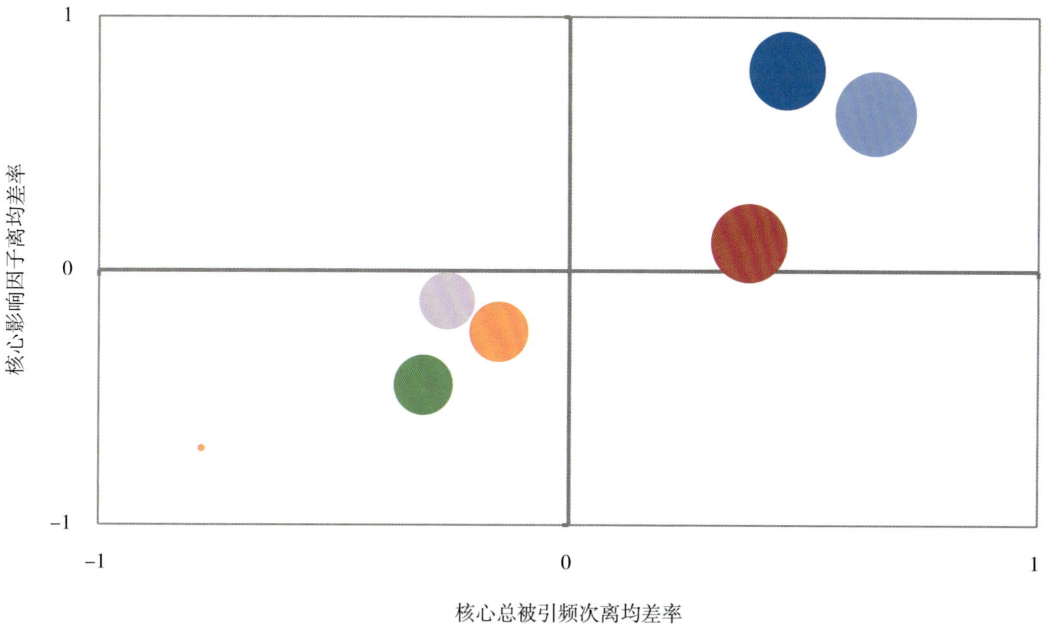

2021 年高等教育学类期刊核心总被引频次和核心影响因子离均差率的分布图
（节点大小表示综合评价总分）

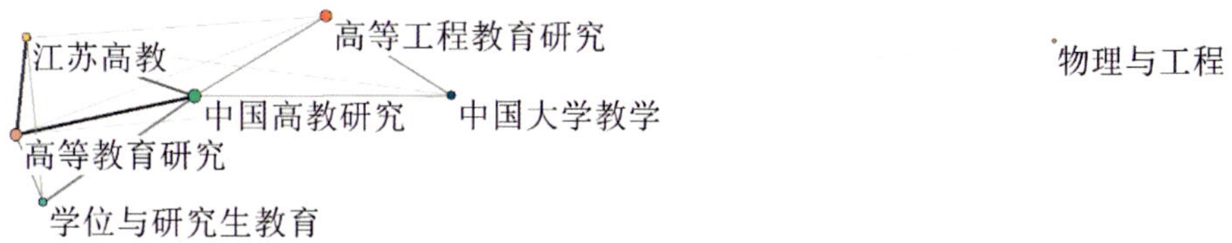

2021 年高等教育学类期刊互引关系示意图

表 6-37　2021 年高等教育学类期刊主要指标

CODE	刊名	核心总被引频次			核心影响因子			综合评价总分		学科扩散指标	学科影响指标	红点指标
		数值	排名	离均差率	数值	排名	离均差率	数值	排名			
S668	高等工程教育研究	1381	2	0.46	1.471	1	0.79	77.6	3	24.86	1.00	0.54
S669	高等教育研究	1303	3	0.38	0.910	3	0.11	78.0	2	25.71	0.86	0.28
S674	江苏高教	654	6	-0.31	0.452	6	-0.45	45.4	5	18.43	1.00	0.39
C509	物理与工程	212	7	-0.78	0.246	7	-0.70	0.7	7	10.14	0.43	0.30
S704	学位与研究生教育	700	5	-0.26	0.720	4	-0.12	38.5	6	16.71	0.86	0.61
S304	中国大学教学	799	4	-0.15	0.620	5	-0.24	46.0	4	25.71	1.00	0.53
S664	中国高教研究	1558	1	0.65	1.329	2	0.62	89.1	1	30.57	1.00	0.36
7 种期刊平均值		944			0.821							

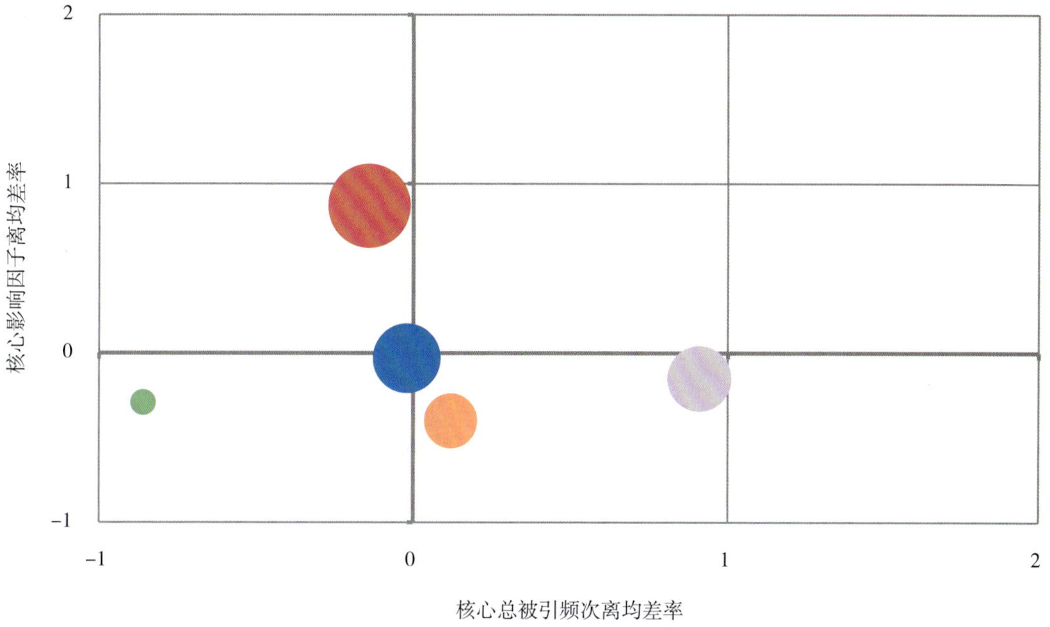

2021 年成人教育学、职业技术教育学类期刊核心总被引频次和核心影响因子离均差率的分布图（节点大小表示综合评价总分）

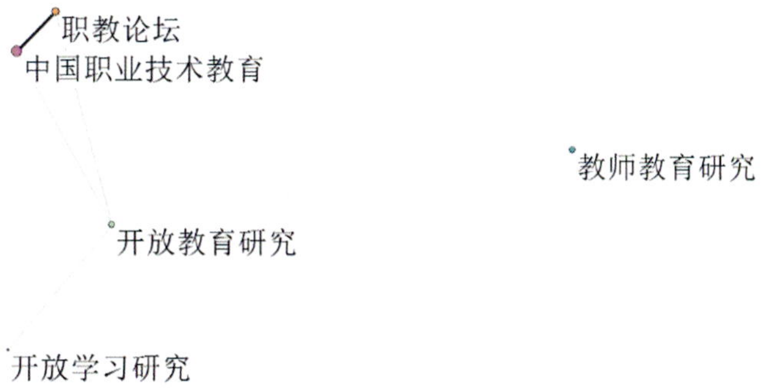

2021 年成人教育学、职业技术教育学类期刊互引关系示意图

表 6-38　2021 年成人教育学、职业技术教育学类期刊主要指标

CODE	刊名	核心总被引频次			核心影响因子			综合评价总分		学科扩散指标	学科影响指标	红点指标
		数值	排名	离均差率	数值	排名	离均差率	数值	排名			
S222	教师教育研究	570	3	-0.02	0.582	2	-0.03	57.1	2	18.00	1.00	0.11
S233	开放教育研究	500	4	-0.14	1.114	1	0.87	84.6	1	25.40	1.00	0.19
S155	开放学习研究	80	5	-0.86	0.426	4	-0.29	8.0	5	3.80	0.40	0.13
S384	职教论坛	649	2	0.12	0.357	5	-0.40	35.9	4	15.00	1.00	0.59
S432	中国职业技术教育	1112	1	0.91	0.506	3	-0.15	48.1	3	22.20	1.00	0.68
	5 种期刊平均值	582			0.597							

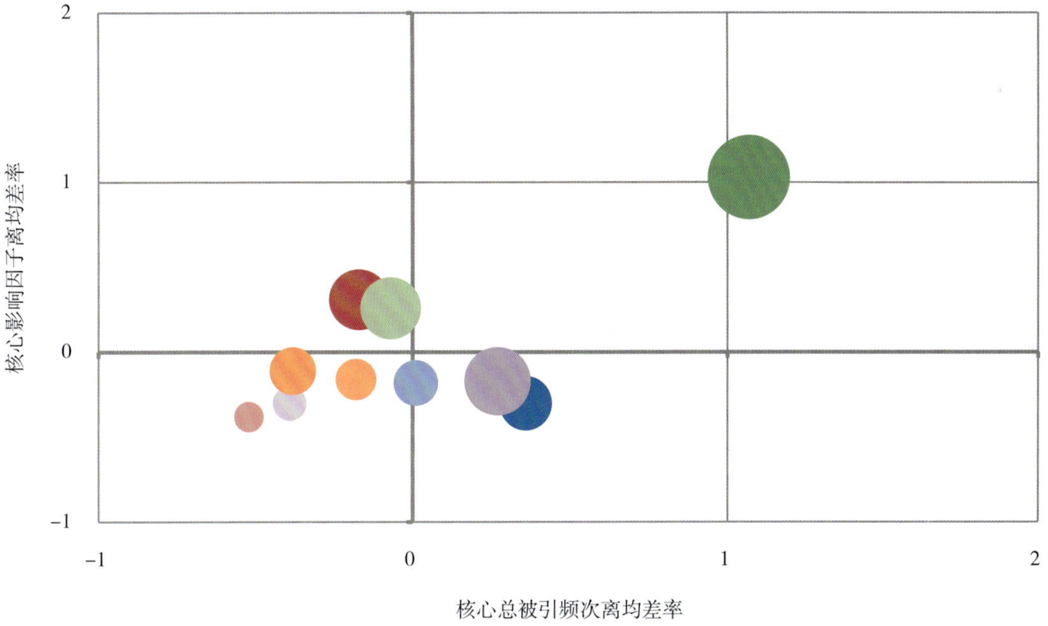

2021 年体育科学类期刊核心总被引频次和核心影响因子离均差率的分布图
（节点大小表示综合评价总分）

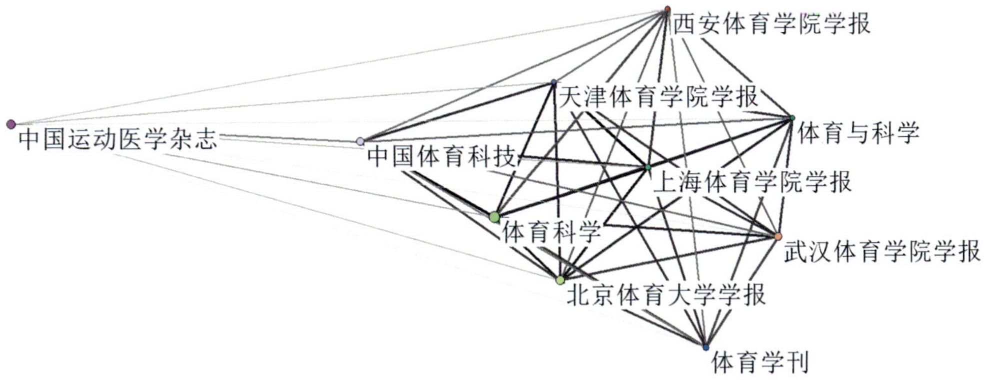

2021 年体育科学类期刊互引关系示意图

表 6-39　2021 年体育科学类期刊主要指标

CODE	刊名	核心总被引频次			核心影响因子			综合评价总分		学科扩散指标	学科影响指标	红点指标
		数值	排名	离均差率	数值	排名	离均差率	数值	排名			
S877	北京体育大学学报	1254	2	0.36	0.727	9	−0.30	34.3	5	19.10	1.00	0.54
S883	上海体育学院学报	760	6	−0.17	1.368	2	0.31	43.1	4	10.20	1.00	0.52
S884	体育科学	1899	1	1.07	2.127	1	1.03	82.7	1	23.60	1.00	0.36
S880	体育学刊	752	7	−0.18	0.877	5	−0.16	19.8	8	9.80	1.00	0.64
S885	体育与科学	565	9	−0.39	0.733	8	−0.30	12.5	9	8.10	1.00	0.36
S886	天津体育学院学报	569	8	−0.38	0.932	4	−0.11	26.2	6	10.20	1.00	0.50
S887	武汉体育学院学报	931	4	0.01	0.855	7	−0.18	24.1	7	9.70	1.00	0.45
S881	西安体育学院学报	437	10	−0.52	0.644	10	−0.38	10.9	10	8.10	1.00	0.39
S888	中国体育科技	852	5	−0.07	1.322	3	0.26	44.7	3	17.40	1.00	0.30
G131	中国运动医学杂志	1171	3	0.27	0.872	6	−0.17	53.7	2	31.90	1.00	0.36
	10 种期刊平均值	919			1.046							

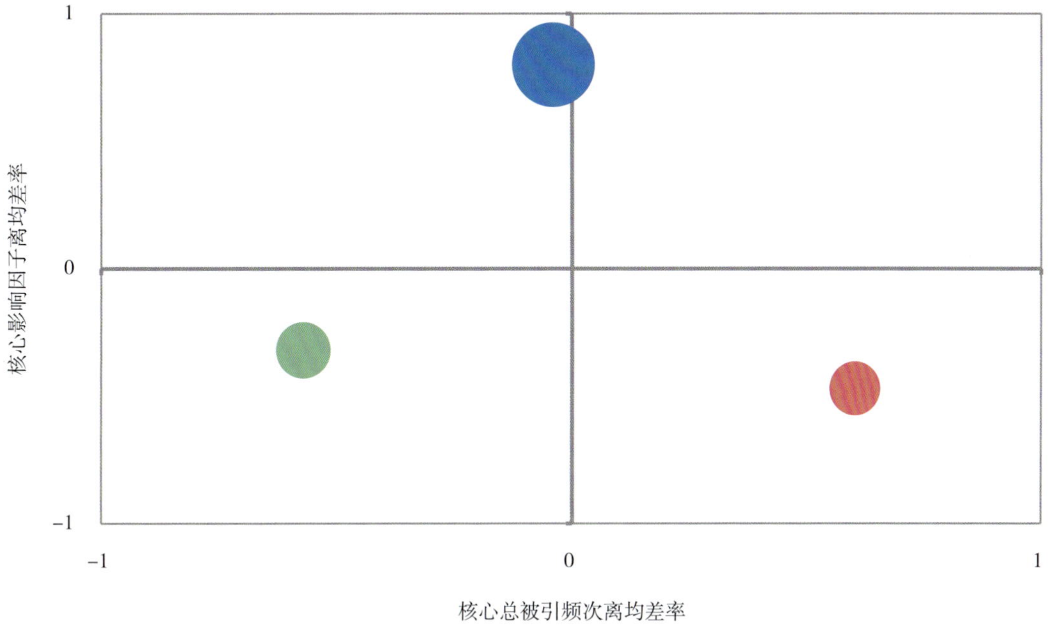

2021 年统计学类期刊核心总被引频次和核心影响因子离均差率的分布图
（节点大小表示综合评价总分）

2021 年统计学类期刊互引关系示意图

表 6-40　2021 年统计学类期刊主要指标

CODE 刊名	核心总被引频次			核心影响因子			综合评价总分		学科扩散指标	学科影响指标	红点指标
	数值	排名	离均差率	数值	排名	离均差率	数值	排名			
S793 统计研究	2371	2	−0.04	2.463	1	0.80	75.8	1	141.00	1.00	0.25
S293 统计与决策	3943	1	0.60	0.719	3	−0.47	30.7	3	242.00	1.00	0.31
S306 统计与信息论坛	1059	3	−0.57	0.926	2	−0.32	33.5	2	139.33	1.00	0.37
3 种期刊平均值	2458			1.369							

表 7-1 2021年中国科技核心期刊综合评价总分排名（社会科学）

CODE	刊名	核心总被引频次		核心影响因子		综合评价总分*	
		数值	排名	数值	排名	数值	排名
S428	中国刑事法杂志	569	187	1.922	38	94.8	1
S287	世界宗教研究	215	336	0.122	366	94.7	2
S800	中国工业经济	9572	2	10.094	1	93.5	3
S790	数量经济技术经济研究	3656	11	3.788	10	92.5	4
S327	文学评论	694	156	0.392	286	92.3	5
S867	社会学研究	3304	15	2.860	18	89.6	6
S664	中国高教研究	1558	46	1.329	90	89.1	7
S875	中国社会科学	6889	4	4.675	6	89.1	7
S804	中国农村经济	3967	8	4.942	4	88.5	9
S757	金融研究	7449	3	4.777	5	88.4	10
S756	会计研究	4015	7	1.719	50	88.4	10
S772	经济研究	19629	1	9.543	2	88.3	12
S252	民族研究	519	200	0.417	273	88.0	13
S698	外语教学与研究	634	169	0.651	206	87.5	14
S617	人文地理	2659	24	1.703	53	87.0	15
S874	中国人口科学	1410	55	2.439	25	85.4	16
S332	文艺研究	600	177	0.320	306	85.1	17
S233	开放教育研究	500	206	1.114	117	84.6	18
S860	人口研究	1446	53	2.248	29	82.8	19
S884	体育科学	1899	39	2.127	32	82.7	20
S193	中共中央党校（国家行政学院）学报	1057	94	1.000	131	81.3	21
S314	外国文学	181	352	0.133	361	80.4	22
S608	档案学通讯	607	173	1.063	123	80.0	23
S956	求是	2261	34	2.286	27	80.0	23
S961	山西财经大学学报	955	111	1.383	81	79.8	25
S315	外国文学评论	109	377	0.112	370	78.2	26
S626	法学研究	2620	25	3.649	12	78.0	27
S669	高等教育研究	1303	66	0.910	149	78.0	27
S668	高等工程教育研究	1381	58	1.471	67	77.6	29
S633	中国法学	2931	20	3.386	14	77.5	30
S793	统计研究	2371	31	2.463	24	75.8	31
S902	中国图书馆学报	1866	40	4.972	3	75.6	32
S367	音乐研究	335	285	0.336	302	74.4	33
S803	中国农村观察	1362	60	3.000	16	74.2	34
S681	教育研究	2792	21	1.816	44	73.1	35
S448	宗教学研究	206	340	0.097	374	71.7	36
W020	情报学报	2172	36	2.697	22	70.9	37
S715	中国语文	934	113	0.301	312	70.7	38

表 7-1　2021 年中国科技核心期刊综合评价总分排名（社会科学）（续）

CODE	刊名	核心总被引频次		核心影响因子		综合评价总分*	
		数值	排名	数值	排名	数值	排名
S382	政治学研究	1162	78	2.190	30	70.6	39
S779	农业经济问题	3609	12	3.587	13	70.1	40
S329	文艺理论研究	270	311	0.188	343	70.1	40
S169	电影艺术	478	221	0.316	309	69.8	42
S349	新疆师范大学学报哲学社会科学版	561	191	1.526	63	69.6	43
S697	外语教学	495	209	0.731	186	68.6	44
S862	人口与经济	764	141	1.467	69	68.2	45
S733	财经研究	2525	27	2.796	19	67.8	46
S778	农业技术经济	2774	22	2.894	17	67.5	47
S317	外国语	447	231	0.741	183	67.5	47
S734	财贸经济	3027	18	3.734	11	66.7	49
S286	世界宗教文化	104	379	0.106	372	66.6	50
S992	中南财经政法大学学报	693	157	1.186	107	66.4	51
S440	中央财经大学学报	857	122	1.067	121	66.3	52
S809	考古学报	513	202	0.439	267	66.1	53
S334	武汉大学学报哲学社会科学版	660	161	0.953	137	65.8	54
S699	外语与外语教学	395	255	0.589	219	65.7	55
S703	学前教育研究	750	145	1.247	99	65.6	56
S990	中国人民大学学报	898	118	0.837	169	65.6	56
S150	西北农林科技大学学报社会科学版	833	127	1.404	78	65.3	58
S808	考古	1488	49	0.394	284	64.3	59
S899	图书情报工作	4384	6	1.683	55	62.2; 63.8	60
S811	文物	1626	44	0.267	321	63.5	61
S788	世界经济与政治	993	101	1.890	41	63.1	62
S336	西安交通大学学报社会科学版	554	195	1.291	95	63.1	62
S253	民族艺术	232	329	0.261	322	62.3	64
S246	马克思主义研究	754	143	0.718	193	62.0	65
S941	华中师范大学学报人文社会科学版	743	148	0.692	196	61.9	66
S270	社会	1310	65	1.948	37	61.5	67
S900	图书情报知识	964	108	1.725	48	61.2; 59.9	68
S328	文学遗产	351	279	0.204	338	60.5	69
S929	北京大学学报哲学社会科学版	909	117	0.670	199	60.1	70
S634	中外法学	1536	48	2.778	20	59.8	71
S354	学海	608	172	0.503	244	59.7	72
S940	华南师范大学学报社会科学版	491	214	0.698	194	59.6	73
S930	北京师范大学学报社会科学版	693	157	0.626	211	58.8	74
S265	上海财经大学学报哲学社会科学版	394	257	1.246	100	58.6	75
S443	重庆大学学报社会科学版	622	170	1.164	110	58.3	76
S237	理论探讨	496	207	0.568	228	58.0	77
S400	中国翻译	811	132	0.593	218	57.9	78
S909	新闻与传播研究	570	185	0.886	154	57.5	79
S736	城市发展研究	2549	26	1.218	103	57.4	80
S765	经济社会体制比较	1027	97	1.118	115	57.3	81

表 7-1 2021 年中国科技核心期刊综合评价总分排名（社会科学）（续）

CODE	刊名	核心总被引频次		核心影响因子		综合评价总分*	
		数值	排名	数值	排名	数值	排名
S630	现代法学	1010	98	1.688	54	57.3	81
S222	教师教育研究	570	185	0.582	222	57.1	83
G308	医学与哲学	2498	30	0.786	176	57.0	84
B523	数学教育学报	715	150	1.170	109	56.7	85
S229	经济学	3798	10	4.185	8	56.6	86
S316	外国文学研究	150	365	0.090	376	56.6	86
S165	当代语言学	266	312	0.492	246	56.3	88
S849	情报资料工作	848	124	1.812	45	56.3	88
S694	外国教育研究	367	272	0.371	294	55.9	90
S160	当代电影	587	183	0.213	335	55.8	91
S785	世界经济	5003	5	4.038	9	55.7	92
S238	理论与改革	371	268	0.660	201	55.6	93
S309	现代情报	1737	43	1.499	65	55.5	94
S623	法学	1840	41	1.337	89	55.4	95
S236	课程・教材・教法	956	110	0.536	234	55.0	96
S691	世界汉语教学	437	236	0.557	231	54.9	97
S901	图书与情报	1091	90	1.970	35	54.3; 50.0	98
S330	文艺理论与批评	142	367	0.242	331	54.1	99
S368	语言教学与研究	482	219	0.607	215	54.1	99
S622	法商研究	1237	71	1.914	39	54.0	101
S673	华东师范大学学报教育科学版	775	137	1.463	70	53.7	102
A583	中国科技期刊研究	1816	42	1.724	49	53.7	102
G131	中国运动医学杂志	1171	77	0.872	158	53.7	102
S700	心理发展与教育	1134	82	0.896	151	53.5	105
S737	城市问题	1280	67	1.132	113	53.1	106
S405	中国行政管理	3200	16	1.650	58	53.1	106
S834	商业经济与管理	640	168	1.073	120	52.8	108
S621	法律科学-西北政法大学学报	1245	70	1.325	92	52.3	109
S333	文艺争鸣	441	234	0.148	354	52.1	110
S232	军事运筹与系统工程	297	302	0.722	190	52.0	111
S955	清华大学学报哲学社会科学版	516	201	0.412	277	51.9	112
S847	情报理论与实践	3370	14	1.870	43	51.7	113
S369	语言文字应用	300	301	0.595	217	51.7	113
S978	厦门大学学报哲学社会科学版	492	213	0.619	214	51.1	115
S240	历史研究	771	139	0.320	306	50.5	116
S942	吉林大学社会科学学报	602	175	0.571	226	50.3	117
S398	中国地质大学学报社会科学版	496	207	0.863	160	50.1	118
S323	外语界	419	245	0.846	166	49.8	119
S430	中国音乐学	244	320	0.133	361	49.8	119
S582	刑事技术	561	191	0.665	200	49.7	121
S923	哲学研究	913	116	0.465	259	49.6	122
S297	探索	603	174	1.212	105	49.5	123
S767	经济体制改革	826	130	1.065	122	49.4	124

表 7-1 2021 年中国科技核心期刊综合评价总分排名（社会科学）（续）

CODE	刊名	核心总被引频次		核心影响因子		综合评价总分*	
		数值	排名	数值	排名	数值	排名
S846	情报科学	2753	23	1.558	60	49.4	124
S784	生态经济	2368	32	0.952	138	49.4	124
S390	中共浙江省委党校学报	395	255	1.038	127	49.2	127
S850	数据分析与知识发现	1203	75	1.447	72	46.2; 49.0	128
S427	中国现代文学研究丛刊	370	270	0.203	339	48.6	129
S264	山东大学学报哲学社会科学版	484	218	0.555	232	48.5	130
S267	上海行政学院学报	361	277	0.941	141	48.4	131
S148	北京工业大学学报社会科学版	388	262	1.208	106	48.3	132
S986	浙江大学学报人文社会科学版	617	171	0.391	287	48.3	132
S178	法学论坛	731	149	1.267	97	48.1	134
S848	情报杂志	3449	13	1.548	62	48.1	134
S432	中国职业技术教育	1112	85	0.506	243	48.1	134
S235	抗日战争研究	126	371	0.185	345	48.0	137
S625	法学评论	1090	91	1.441	73	47.9	138
S967	四川大学学报哲学社会科学版	366	273	0.581	223	47.6	139
S266	上海翻译	465	224	0.870	159	47.5	140
S419	中国人力资源开发	831	129	1.378	84	47.5	140
S764	经济评论	1147	80	2.347	26	47.4	142
S444	装饰	368	271	0.144	355	47.4	142
S624	法学家	1207	74	1.788	46	47.3	144
S975	西北大学学报哲学社会科学版	432	241	0.781	177	47.3	144
H221	中国农业资源与区划	3019	19	1.451	71	47.2	146
S950	南京大学学报哲学·人文科学·社会科学	482	219	0.488	249	47.1	147
S383	政治与法律	1362	60	1.232	102	47.1	147
S341	西南民族大学学报人文社科版	1140	81	0.517	240	46.9	149
S343	现代财经-天津财经大学学报	452	227	0.941	141	46.7	150
S183	公共行政评论	700	151	1.962	36	46.3	151
S285	世界民族	156	363	0.331	303	46.2	152
S366	艺术百家	226	333	0.141	357	46.0	153
S304	中国大学教学	799	134	0.620	212	46.0	153
S939	华东师范大学学报哲学社会科学版	418	246	0.524	239	45.9	155
S291	思想理论教育导刊	449	229	0.215	334	45.9	155
S674	江苏高教	654	163	0.452	262	45.4	157
S731	财经科学	1110	86	1.709	51	45.3	158
S743	改革	2517	28	4.468	7	45.3	158
S214	华东政法大学学报	658	162	1.256	98	45.3	158
S721	经济学动态	2107	38	2.023	33	45.3	158
S953	南开学报哲学社会科学版	415	248	0.394	284	45.3	158
S370	语言研究	289	305	0.086	377	45.3	158
S639	企业经济	600	177	0.454	261	45.2	164
S822	预测	494	211	0.941	141	45.2	164
S261	求实	311	295	1.011	130	44.9	166
S888	中国体育科技	852	123	1.322	93	44.7	167

表 7-1 2021 年中国科技核心期刊综合评价总分排名（社会科学）（续）

CODE	刊名	核心总被引频次		核心影响因子		综合评价总分*	
		数值	排名	数值	排名	数值	排名
S934	复旦学报社会科学版	495	209	0.362	297	44.6	168
S441	中央音乐学院学报	206	340	0.152	353	44.6	168
S153	北京电影学院学报	167	358	0.179	348	44.5	170
S628	人民检察	413	249	0.122	366	44.5	170
S777	南开经济研究	962	109	1.664	56	44.2	172
S676	教育发展研究	1365	59	0.767	180	44.1	173
S771	经济学家	2163	37	3.057	15	44.1	173
S750	国际贸易问题	2201	35	1.707	52	44.0	175
S719	技术经济与管理研究	688	159	0.425	270	44.0	175
S906	现代传播	969	107	0.489	248	44.0	175
S982	学术月刊	1233	72	0.804	174	44.0	175
S429	中国音乐	238	325	0.173	351	43.9	179
S159	产业经济研究	1009	99	2.728	21	43.8	180
S994	中山大学学报社会科学版	490	215	0.403	281	43.6	181
S773	经济与管理研究	1125	83	1.619	59	43.5	182
S883	上海体育学院学报	760	142	1.368	86	43.1	183
S759	经济管理	2508	29	2.615	23	42.7	184
S835	商业研究	780	136	0.620	212	42.7	184
S188	广东财经大学学报	351	279	1.383	81	42.5	186
S739	当代经济科学	647	165	1.471	67	42.4	187
S695	比较教育学报	196	346	0.301	312	42.2	188
G352	证据科学	297	302	0.500	245	42.1	189
S728	资源开发与市场	989	102	0.428	268	42.1	189
S228	近代史研究	417	247	0.420	272	41.7	191
S761	经济科学	809	133	1.436	75	41.5	192
S735	财政研究	1474	50	2.264	28	41.4	193
S863	社会科学	1149	79	0.683	198	41.2	194
S746	国际金融研究	1446	53	2.173	31	41.1	195
S225	解放军外国语学院学报	313	293	0.410	278	41.0	196
S687	清华大学教育研究	696	154	0.952	138	41.0	196
S172	东南大学学报哲学社会科学版	289	305	0.536	234	40.9	198
S762	经济理论与经济管理	1046	96	1.388	80	40.9	198
S933	福建师范大学学报哲学社会科学版	311	295	0.570	227	40.8	200
S683	教育与经济	397	254	0.933	144	40.7	201
S781	上海经济研究	945	112	1.236	101	40.6	202
S819	软科学	2323	33	1.417	77	40.4	203
S271	社会保障研究	364	276	1.060	125	40.2	204
S320	外交评论	327	288	1.369	85	40.0	205
S247	马克思主义与现实	593	181	0.448	264	39.8	206
S392	中国比较文学	111	376	0.133	361	39.6	207
S732	财经问题研究	983	104	0.846	166	39.5	208
S147	财经论丛	592	182	0.850	164	39.4	209
S627	法制与社会发展	975	106	1.986	34	39.4	209

表 7-1 2021 年中国科技核心期刊综合评价总分排名（社会科学）（续）

CODE	刊名	核心总被引频次		核心影响因子		综合评价总分*	
		数值	排名	数值	排名	数值	排名
S276	社会主义研究	398	253	0.486	250	39.4	209
S677	教育科学	348	282	0.728	188	39.3	212
S278	史学月刊	424	242	0.144	355	39.3	212
S675	教学与研究	461	225	0.384	290	38.9	214
S226	金融经济学研究	469	222	1.876	42	38.9	214
S170	东北大学学报社会科学版	280	309	0.601	216	38.8	216
S217	会计与经济研究	219	335	0.965	134	38.7	217
A570	编辑学报	1275	68	1.383	81	38.5	218
S704	学位与研究生教育	700	151	0.720	191	38.5	218
S769	经济问题探索	1453	52	1.062	124	38.1	220
S866	社会科学战线	1056	95	0.386	288	38.0	221
S858	南京社会科学	1213	73	0.730	187	37.9	222
S618	中国历史地理论丛	253	315	0.248	327	37.9	222
S839	农村经济	1560	45	1.147	112	37.5	224
S865	社会科学研究	798	135	0.577	224	37.5	224
S319	法学杂志	833	127	0.887	153	37.4	226
S239	历史教学问题	65	390	0.022	392	37.3	227
S787	世界经济研究	1341	63	1.654	57	37.2	228
S201	行政论坛	557	193	1.056	126	37.0	229
S245	旅游科学	542	197	0.863	160	36.8	230
J067	工业技术经济	1195	76	1.124	114	36.5	231
S224	教育学报	434	239	0.652	205	36.5	231
S212	湖南师范大学教育科学学报	365	275	0.771	179	36.3	233
S844	情报工程	192	348	0.586	220	36.2	234
S234	开放时代	1123	84	1.148	111	36.0	235
S384	职教论坛	649	164	0.357	298	35.9	236
S958	求索	677	160	0.956	136	35.7	237
S795	外国经济与管理	1554	47	1.741	47	35.7	237
S361	学习论坛	188	351	0.243	330	35.6	239
S619	政法论坛	984	103	1.032	129	35.6	239
S965	上海大学学报社会科学版	262	313	0.655	204	35.4	241
S173	东南文化	371	268	0.318	308	35.3	242
A906	文物保护与考古科学	439	235	0.346	300	35.2	243
S426	中国文化研究	104	379	0.073	379	35.2	243
S251	民族文学研究	150	365	0.136	359	35.1	245
S987	浙江社会科学	921	115	0.491	247	35.1	245
S854	江苏社会科学	746	147	0.660	201	35.0	247
S587	中国司法鉴定	316	291	0.269	320	35.0	247
S156	北京行政学院学报	351	279	0.559	230	34.9	249
S260	青少年犯罪问题	191	350	0.404	280	34.9	249
S350	新视野	231	331	0.287	317	34.9	249
S647	财经理论与实践	563	190	0.823	173	34.4	252
S877	北京体育大学学报	1254	69	0.727	189	34.3	253

表 7-1 2021 年中国科技核心期刊综合评价总分排名（社会科学）（续）

CODE	刊名	核心总被引频次		核心影响因子		综合评价总分*	
		数值	排名	数值	排名	数值	排名
S768	经济问题	1358	62	1.326	91	34.3	253
S197	国家图书馆学刊	423	243	1.102	118	34.0	255
S272	河海大学学报哲学社会科学版	325	289	0.949	140	34.0	255
S616	旅游学刊	3034	17	1.556	61	34.0	255
S738	当代财经	1104	87	1.361	87	33.9	258
S774	经济纵横	1065	92	1.440	74	33.7	259
S836	消费经济	353	278	1.117	116	33.6	260
S306	统计与信息论坛	1059	93	0.926	146	33.5	261
S219	江苏行政学院学报	377	265	0.540	233	33.3	262
S340	西南大学学报社会科学版	601	176	0.765	181	33.3	262
S831	国际经贸探索	695	155	1.515	64	33.0	264
S282	经济学报	160	360	0.742	182	33.0	264
S981	学术研究	841	125	0.386	288	32.9	266
S718	技术经济	980	105	0.734	184	32.7	267
S259	青年研究	433	240	0.825	172	32.5	268
S922	哲学动态	385	263	0.188	343	32.3	269
S248	美术研究	82	384	0.064	383	32.2	270
S907	新闻大学	334	286	0.467	258	32.0	271
S294	苏州大学学报哲学社会科学版	366	273	0.249	326	31.6	272
S838	中国流通经济	859	121	1.101	119	31.6	272
S946	江西社会科学	775	137	0.357	298	31.5	274
S200	汉语学习	304	299	0.235	333	31.3	275
S216	黄钟-武汉音乐学院学报	157	362	0.060	385	31.1	276
S983	学习与探索	835	126	0.527	238	31.1	276
S682	教育研究与实验	374	267	0.470	257	30.9	278
S213	湖南师范大学社会科学学报	337	284	0.484	252	30.8	279
S789	世界经济与政治论坛	245	318	0.833	170	30.8	279
S331	文艺评论	61	391	0.010	397	30.8	279
S293	统计与决策	3943	9	0.719	192	30.7	282
S688	全球教育展望	646	167	0.576	225	30.6	283
S944	江海学刊	597	179	0.366	296	30.2	284
S386	中共党史研究	436	238	0.562	229	30.2	284
S164	当代亚太	238	325	1.217	104	30.1	286
S181	甘肃政法学院学报	198	344	0.303	310	30.1	286
S346	湘潭大学学报哲学社会科学版	344	283	0.331	303	30.1	286
S760	经济经纬	886	120	1.492	66	29.9	289
S192	国际商务-对外经济贸易大学学报	289	305	0.894	152	29.7	290
S209	湖南大学学报社会科学版	285	308	0.465	259	29.3	291
S446	资源与产业	508	203	1.270	96	29.3	291
S666	比较教育研究	769	140	0.649	207	29.2	293
S263	人民音乐	322	290	0.060	385	29.1	294
S926	自然辩证法研究	697	153	0.289	316	28.9	295
S174	东南学术	442	233	0.482	253	28.8	296

表 7-1　2021 年中国科技核心期刊综合评价总分排名（社会科学）（续）

CODE	刊名	核心总被引频次		核心影响因子		综合评价总分*	
		数值	排名	数值	排名	数值	排名
S254	明清小说研究	117	375	0.102	373	28.5	297
S396	中国党政干部论坛	208	338	0.124	365	28.3	298
S751	国际商务研究	129	369	0.413	276	28.1	299
S166	当代作家评论	241	322	0.073	379	27.9	300
S243	鲁迅研究月刊	239	324	0.096	375	27.8	301
S973	文史哲	407	251	0.376	292	27.8	301
S947	兰州大学学报社会科学版	313	293	0.372	293	27.7	303
S194	国家检察官学院学报	486	217	1.398	79	27.6	304
S230	经济与管理评论	445	232	1.178	108	27.6	304
S348	小说评论	164	359	0.126	364	27.6	304
S269	上海师范大学学报哲学社会科学版	238	325	0.297	315	27.4	307
S211	湖南社会科学	304	299	0.302	311	27.2	308
G911	中国医学伦理学	1333	64	0.922	147	27.2	308
A201	世界科技研究与发展	448	230	0.517	240	27.1	310
S996	中州学刊	818	131	0.442	266	27.0	311
S292	思想战线	507	204	0.485	251	26.8	312
S374	云南民族大学学报哲学社会科学版	315	292	0.476	256	26.7	313
S199	海交史研究	48	394	0.014	396	26.6	314
S190	贵州财经大学学报	232	329	0.878	156	26.4	315
S714	中国特殊教育	1101	88	0.828	171	26.3	316
S204	河北师范大学学报教育科学版	223	334	0.400	282	26.2	317
S886	天津体育学院学报	569	187	0.932	145	26.2	317
S167	党的文献	200	343	0.176	349	26.0	319
S220	江西财经大学学报	334	286	0.906	150	26.0	319
S659	证券市场导报	557	193	0.841	168	26.0	319
S176	敦煌研究	489	216	0.113	369	25.7	322
S184	古汉语研究	108	378	0.137	358	25.6	323
S351	新文学史料	198	344	0.046	391	25.4	324
S740	当代经济研究	459	226	0.630	210	25.1	325
S897	图书馆论坛	1397	56	1.036	128	24.7	326
S205	河南大学学报社会科学版	294	304	0.300	314	24.3	327
S887	武汉体育学院学报	931	114	0.855	162	24.1	328
S372	云南财经大学学报	394	257	0.793	175	24.0	329
S162	当代外国文学	70	388	0.054	388	23.6	330
S185	古籍整理研究学刊	55	392	0.016	395	23.6	330
S318	外国语文-四川外语学院学报	228	332	0.286	318	23.6	330
S393	中国边疆史地研究	248	316	0.182	346	23.5	333
S892	大学图书馆学报	749	146	1.418	76	23.2	334
S852	妇女研究论丛	392	260	0.692	196	23.1	335
S434	中国宗教	54	393	0.021	393	23.0	336
S576	西安外国语大学学报	176	353	0.379	291	22.8	337
W022	数字图书馆论坛	493	212	0.958	135	22.6	338
S799	亚太经济	394	257	0.777	178	22.1	339

表 7-1　2021 年中国科技核心期刊综合评价总分排名（社会科学）（续）

CODE	刊名	核心总被引频次		核心影响因子		综合评价总分*	
		数值	排名	数值	排名	数值	排名
S308	图书馆学研究	1393	57	0.879	155	22.0	340
S747	国际经济合作	262	313	0.480	254	21.9	341
S290	思想教育研究	407	251	0.245	329	21.9	341
S175	敦煌学辑刊	173	354	0.068	382	21.7	343
S936	广西民族大学学报哲学社会科学版	376	266	0.206	337	21.7	343
S215	华侨华人历史研究	124	373	0.208	336	21.7	343
S656	税务与经济	173	354	0.415	274	21.7	343
S895	图书馆建设	894	119	0.918	148	21.7	343
S255	南方文坛	192	348	0.058	387	21.5	348
S268	上海金融	311	295	0.450	263	21.5	348
S435	中华文化论坛	119	374	0.078	378	21.4	350
S179	方言	311	295	0.135	360	20.8	351
S401	中国改革	34	397	0.019	394	20.8	351
S993	中南民族大学学报人文社会科学版	503	205	0.516	242	20.7	353
S964	陕西师范大学学报哲学社会科学版	382	264	0.528	237	20.5	354
S404	中国海商法研究	125	372	0.447	265	20.5	354
S161	当代青年研究	206	340	0.261	322	20.4	356
S171	东北亚论坛	233	328	0.971	132	20.0	357
S880	体育学刊	752	144	0.877	157	19.8	358
S249	民族教育研究	412	250	0.847	165	19.6	359
S415	教育生物学杂志	85	382	0.256	325	19.3	360
S782	审计研究	1101	88	1.349	88	19.3	360
S244	伦理学研究	195	347	0.174	350	18.6	362
S342	戏剧-中央戏剧学院学报	76	387	0.120	368	18.4	363
S227	金融论坛	583	184	1.914	39	18.0	364
S414	中国穆斯林	43	395	0.071	381	17.9	365
S221	交响-西安音乐学院学报	68	389	0.052	389	17.6	366
S195	国家教育行政学院学报	467	223	0.583	221	17.4	367
S206	红楼梦学刊	275	310	0.111	371	17.3	368
S258	青年探索	154	364	0.330	305	16.6	369
S652	金融理论与实践	390	261	0.409	279	15.9	370
S296	台湾研究集刊	243	321	0.421	271	15.4	371
S210	湖南科技大学学报社会科学版	241	322	0.346	300	15.1	372
G865	医学信息学杂志	647	165	0.480	254	14.3	373
S363	学校党建与思想教育	520	199	0.171	352	12.8	374
S885	体育与科学	565	189	0.733	185	12.5	375
S810	考古与文物	452	227	0.193	341	12.1	376
W027	科技与法律中英文版	173	354	0.397	283	11.4	377
S832	价格理论与实践	1473	51	0.658	203	11.3	378
S223	教育财会研究	83	383	0.181	347	11.0	379
S881	西安体育学院学报	437	236	0.644	208	10.9	380
S637	煤炭经济研究	421	244	0.696	195	10.7	381
S242	林业经济问题	550	196	1.301	94	10.3	382

表 7-1　2021 年中国科技核心期刊综合评价总分排名（社会科学）（续）

CODE	刊名	核心总被引频次		核心影响因子		综合评价总分*	
		数值	排名	数值	排名	数值	排名
S609	档案学研究	597	179	0.967	133	10.0	383
L042	国际石油经济	521	198	0.635	209	9.7	384
S416	中国青年研究	997	100	0.854	163	9.6	385
S295	台湾研究	173	354	0.415	274	8.8	386
S094	竞争情报	77	386	0.202	340	8.6	387
S155	开放学习研究	80	385	0.426	269	8.0	388
S807	中国资产评估	158	361	0.236	332	6.8	389
S397	中国地方志	128	370	0.064	383	6.4	390
S417	中国青年社会科学	245	318	0.367	295	6.2	391
S410	中国劳动	100	381	0.257	324	5.9	392
S823	中国科技翻译	138	368	0.193	341	5.5	393
S177	俄罗斯文艺	41	396	0.052	389	4.6	394
S133	中国科技资源导刊	208	338	0.531	236	3.9	395
S106	全球科技经济瞭望	248	316	0.280	319	2.1	396
C509	物理与工程	212	337	0.246	328	0.7	397

*注：对复分入多个学科的期刊，在不同学科内计算的综合评价总分不同，以社会科学领域学科较高的一个总分分值参加排名。

8　2021 年中国科技核心期刊目录

表 8-1　2021 年中国科技核心期刊目录（社会科学）

CODE	刊名	学科分类	主编
S929	北京大学学报哲学社会科学版	社会科学综合大学学报	杨河
S153	北京电影学院学报	艺术学	杨远婴
S148	北京工业大学学报社会科学版	社会科学综合大学学报	沈千帆
S930	北京师范大学学报社会科学版	社会科学师范大学学报	蒋重跃
S877	北京体育大学学报	体育科学	杨桦
S156	北京行政学院学报	政治大学学报	鄂振辉
S695	比较教育学报	学前教育学、普通教育学	张民选
S666	比较教育研究	教育学综合	顾明远
A570	编辑学报	新闻学与传播学	陈浩元
S731	财经科学	财政学、金融学、保险学	李萍
S647	财经理论与实践	财政学、金融学、保险学	姚德权
S147	财经论丛	财政学、金融学、保险学	王俊豪
S732	财经问题研究	财政学、金融学、保险学	吕炜
S733	财经研究	财政学、金融学、保险学	蒋传海
S734	财贸经济	财政学、金融学、保险学	高培勇
S735	财政研究	财政学、金融学、保险学	刘尚希
S159	产业经济研究	工商业经济学	徐从才
S736	城市发展研究	社会学综合	鲍世行；李迅
S737	城市问题	国民经济学、管理经济学、数量经济学	周航
S443	重庆大学学报社会科学版	社会科学综合大学学报	赵修渝
S892	大学图书馆学报	图书馆学、文献学	朱强
S738	当代财经	财政学、金融学、保险学	李春根
S160	当代电影	艺术学	张建勇；周涌
S739	当代经济科学	财政学、金融学、保险学	冯根福
S740	当代经济研究	经济学综合	林岗
S161	当代青年研究	社会学综合	杨雄
S162	当代外国文学	外国文学	杨金才；刘锋
S164	当代亚太	国际政治学、外交学	李向阳
S165	当代语言学	语言学综合	沈家煊；顾曰国
S166	当代作家评论	中国文学	林建法；高海涛
S167	党的文献	政治学综合	陈晋
S608	档案学通讯	档案学、博物馆学	胡鸿杰
S609	档案学研究	档案学、博物馆学	付华
S169	电影艺术	艺术学	吴冠平
S170	东北大学学报社会科学版	社会科学综合大学学报	左良
S171	东北亚论坛	国际政治学、外交学	朱显平
S172	东南大学学报哲学社会科学版	社会科学综合大学学报	徐子方
S173	东南文化	民族学与文化学	龚良

表 8-1　2021 年中国科技核心期刊目录（社会科学）（续）

CODE	刊名	学科分类	主编
S174	东南学术	社会科学综合	杨健民
S175	敦煌学辑刊	历史学	郑炳林
S176	敦煌研究	历史学	樊锦诗
S177	俄罗斯文艺	外国文学	夏忠宪
S621	法律科学-西北政法大学学报	法学综合	韩松
S622	法商研究	法学综合	齐文远
S623	法学	法学综合	叶青
S624	法学家	法学综合	史际春
S178	法学论坛	法学综合	王彤宇
S625	法学评论	法学综合	肖永平
S626	法学研究	法学综合	梁慧星
S319	法学杂志	法学综合	宋树涛
S627	法制与社会发展	法学综合	张文显
S179	方言	语言学综合	麦耘
S933	福建师范大学学报哲学社会科学版	社会科学师范大学学报	陈颖
S852	妇女研究论丛	社会学综合	谭琳
S934	复旦学报社会科学版	社会科学综合大学学报	汪涌豪
S743	改革	经济学综合	廖元和
S181	甘肃政法学院学报	法学综合	史玉成
S668	高等工程教育研究	高等教育学	李培根
S669	高等教育研究	高等教育学	刘献君
J067	工业技术经济	工商业经济学	田莺
S183	公共行政评论	行政学	马骏
S184	古汉语研究	语言学综合	蒋冀骋
S185	古籍整理研究学刊	图书馆学、文献学	曹书杰
S188	广东财经大学学报	经济大学学报	王廷惠
S936	广西民族大学学报哲学社会科学版	社会科学综合大学学报	谢尚果
S190	贵州财经大学学报	经济大学学报	陈厚义
S746	国际金融研究	财政学、金融学、保险学	黄志强
S747	国际经济合作	经济学综合	齐国强
S831	国际经贸探索	工商业经济学	肖鹞飞
S750	国际贸易问题	工商业经济学	林桂军
S192	国际商务-对外经济贸易大学学报	经济大学学报	张新民
S751	国际商务研究	工商业经济学	孙海鸣
L042	国际石油经济	工商业经济学	杨朝红
S194	国家检察官学院学报	法学综合	徐鹤喃
S195	国家教育行政学院学报	政治大学学报	侯慧君
S197	国家图书馆学刊	图书馆学、文献学	饶权
S199	海交史研究	历史学	钱江
S200	汉语学习	语言学综合	崔雄权
S204	河北师范大学学报教育科学版	教育学综合	戴建兵
S272	河海大学学报哲学社会科学版	社会科学综合大学学报	吴远
S205	河南大学学报社会科学版	社会科学综合大学学报	乔家君

表 8-1　2021 年中国科技核心期刊目录（社会科学）（续）

CODE	刊名	学科分类	主编
S206	红楼梦学刊	中国文学	张庆善
S209	湖南大学学报社会科学版	社会科学综合大学学报	王道平
S210	湖南科技大学学报社会科学版	社会科学综合大学学报	李建华
S211	湖南社会科学	社会科学综合	周勇
S212	湖南师范大学教育科学学报	教育学综合	徐超富
S213	湖南师范大学社会科学学报	社会科学师范大学学报	吴家庆
S673	华东师范大学学报教育科学版	教育学综合	陈玉琨
S939	华东师范大学学报哲学社会科学版	社会科学师范大学学报	高瑞泉
S214	华东政法大学学报	法学综合	李秀清
S940	华南师范大学学报社会科学版	社会科学师范大学学报	翁佩萱
S215	华侨华人历史研究	历史学	张秀明
S941	华中师范大学学报人文社会科学版	社会科学师范大学学报	王泽龙
S216	黄钟-武汉音乐学院学报	艺术学	刘永平
S942	吉林大学社会科学学报	社会科学综合大学学报	刘文山
S718	技术经济	工商业经济学	吴贵生
S719	技术经济与管理研究	国民经济学、管理经济学、数量经济学	章亚南
S832	价格理论与实践	工商业经济学	王永治
S944	江海学刊	社会科学综合	韩璞庚
S674	江苏高教	高等教育学	邱梅生
S854	江苏社会科学	社会科学综合	金晓瑜
S219	江苏行政学院学报	政治大学学报	周善乔
S220	江西财经大学学报	经济大学学报	李春根
S946	江西社会科学	社会科学综合	龚建文
S221	交响-西安音乐学院学报	艺术学	罗艺峰
S222	教师教育研究	成人教育学、职业技术教育学	顾明远
S675	教学与研究	教育学综合	齐鹏飞
S223	教育财会研究	国民经济学、管理经济学、数量经济学	黄永林
S676	教育发展研究	教育学综合	张国良
S677	教育科学	教育学综合	傅维利
S415	教育生物学杂志	教育学综合	黄红
S224	教育学报	教育学综合	石中英
S681	教育研究	教育学综合	高宝立
S682	教育研究与实验	教育学综合	董译芳
S683	教育与经济	国民经济学、管理经济学、数量经济学	王善迈
S225	解放军外国语学院学报	外国语言学	蔡金亭
S226	金融经济学研究	财政学、金融学、保险学	马龙海
S652	金融理论与实践	财政学、金融学、保险学	庞贞燕
S227	金融论坛	财政学、金融学、保险学	詹向阳
S757	金融研究	财政学、金融学、保险学	纪志宏
S228	近代史研究	历史学	徐秀丽
S759	经济管理	经济学综合	黄群慧
S760	经济经纬	经济学综合	李小建
S761	经济科学	经济学综合	刘伟

表 8-1 2021 年中国科技核心期刊目录（社会科学）（续）

CODE	刊名	学科分类	主编
S762	经济理论与经济管理	经济学综合	方福前
S764	经济评论	经济学综合	陈继勇
S765	经济社会体制比较	国民经济学、管理经济学、数量经济学	杨雪冬
S767	经济体制改革	国民经济学、管理经济学、数量经济学	盛毅
S768	经济问题	经济学综合	韩克勇
S769	经济问题探索	经济学综合	海文达
S229	经济学	经济学综合	朱家祥
S282	经济学报	经济学综合	钱颖一
S721	经济学动态	经济学综合	杨春学
S771	经济学家	经济学综合	刘诗白
S772	经济研究	经济学综合	裴长洪
S230	经济与管理评论	经济学综合	刘兴云
S773	经济与管理研究	经济学综合	戚聿东
S774	经济纵横	经济学综合	郭连强
S094	竞争情报	情报学	陈超
S232	军事运筹与系统工程	军事学	李宁
S233	开放教育研究	成人教育学、职业技术教育学	徐皓
S234	开放时代	经济学综合	吴重庆
S155	开放学习研究	成人教育学、职业技术教育学	张铁道
S235	抗日战争研究	军事学	高士华
S808	考古	考古学	王巍
S809	考古学报	考古学	刘庆柱
S810	考古与文物	考古学	王炜林
W027	科技与法律中英文版	法学综合	段瑞春
S236	课程·教材·教法	学前教育学、普通教育学	郭戈
S756	会计研究	会计学、审计学	周守华
S217	会计与经济研究	会计学、审计学	邵瑞庆
S947	兰州大学学报社会科学版	社会科学综合大学学报	高新才
S237	理论探讨	马克思主义	刘建明
S238	理论与改革	马克思主义	范锐平
S239	历史教学问题	学前教育学、普通教育学	王斯德
S240	历史研究	历史学	李国强
S242	林业经济问题	生态农业经济学	张建国
S243	鲁迅研究月刊	中国文学	黄乔生
S245	旅游科学	工商业经济学	高峻
S616	旅游学刊	工商业经济学	黄先开
S244	伦理学研究	哲学	唐凯麟
S246	马克思主义研究	马克思主义	程恩富
S247	马克思主义与现实	马克思主义	冯雷
S637	煤炭经济研究	工商业经济学	范宝营
S248	美术研究	艺术学	邵大箴
S249	民族教育研究	教育学综合	郭卫平
S251	民族文学研究	中国文学	关纪新

表 8-1　2021 年中国科技核心期刊目录（社会科学）（续）

CODE	刊名	学科分类	主编
S252	民族研究	民族学与文化学	王延中
S253	民族艺术	艺术学	张桥
S254	明清小说研究	中国文学	王长友
S255	南方文坛	中国文学	张燕玲
S950	南京大学学报哲学・人文科学・社会科学	社会科学综合大学学报	张异宾
S858	南京社会科学	社会科学综合	李程骅
S777	南开经济研究	经济学综合	李坤旺
S953	南开学报哲学社会科学版	社会科学综合大学学报	姜胜利
S839	农村经济	生态农业经济学	郭晓鸣
S778	农业技术经济	生态农业经济学	朱希刚
S779	农业经济问题	生态农业经济学	秦富
S639	企业经济	国民经济学、管理经济学、数量经济学	李小玉
S258	青年探索	社会学综合	李伟民
S259	青年研究	社会学综合	单光鼐
S260	青少年犯罪问题	部门法学、刑事侦查学、司法鉴定学	倪铁
S687	清华大学教育研究	教育学综合	王孙禺
S955	清华大学学报哲学社会科学版	社会科学综合大学学报	罗钢
S844	情报工程	情报学	刘琦岩
S846	情报科学	情报学	靖继鹏
S847	情报理论与实践	情报学	王忠军
W020	情报学报	情报学	戴国强
S848	情报杂志	情报学	张薇
S849	情报资料工作	情报学	高自龙
S261	求实	政治学综合	胡启南
S956	求是	政治学综合	刘玉辉
S958	求索	社会科学综合	周小毛
S688	全球教育展望	教育学综合	钟启泉
S106	全球科技经济瞭望	经济学综合	郭铁成
S860	人口研究	人口学、劳动科学	翟振武
S862	人口与经济	人口学、劳动科学	童玉芬
S628	人民检察	部门法学、刑事侦查学、司法鉴定学	徐建波
S263	人民音乐	艺术学	杨燕迪
S617	人文地理	历史学	孙天义
S819	软科学	社会科学综合	赵毅峰
S264	山东大学学报哲学社会科学版	社会科学综合大学学报	臧旭恒
S961	山西财经大学学报	经济大学学报	王培勤
S964	陕西师范大学学报哲学社会科学版	社会科学师范大学学报	张积玉
S834	商业经济与管理	国民经济学、管理经济学、数量经济学	李金昌
S835	商业研究	工商业经济学	曲振涛
S265	上海财经大学学报哲学社会科学版	社会科学综合大学学报	蒋传海
S965	上海大学学报社会科学版	社会科学综合大学学报	董乃斌
S266	上海翻译	语言学综合	方梦之
S268	上海金融	财政学、金融学、保险学	李安定

表 8-1 2021 年中国科技核心期刊目录（社会科学）（续）

CODE	刊名	学科分类	主编
S781	上海经济研究	工商业经济学	石良平
S269	上海师范大学学报哲学社会科学版	社会科学师范大学学报	黄刚
S883	上海体育学院学报	体育科学	章建成
S267	上海行政学院学报	政治大学学报	陶柏康
S270	社会	社会学综合	李友梅
S271	社会保障研究	人口学、劳动科学	邓大松
S863	社会科学	社会科学综合	熊月之
S865	社会科学研究	社会科学综合	侯水平
S866	社会科学战线	社会科学综合	刘信君
S867	社会学研究	社会学综合	李培林
S276	社会主义研究	马克思主义	程又中
S782	审计研究	会计学、审计学	刘达朱
S784	生态经济	生态农业经济学	高晓铃
S278	史学月刊	历史学	李振宏
S691	世界汉语教学	语言学综合	张博
S785	世界经济	经济学综合	张宇燕
S787	世界经济研究	经济学综合	姚勤华
S788	世界经济与政治	国际政治学、外交学	张宇燕
S789	世界经济与政治论坛	经济学综合	王维
A201	世界科技研究与发展	社会科学综合	方曙
S285	世界民族	民族学与文化学	王延中
S286	世界宗教文化	宗教学	金泽
S287	世界宗教研究	宗教学	卓新平
S850	数据分析与知识发现	情报学; 图书馆学、文献学	张晓林
S790	数量经济技术经济研究	国民经济学、管理经济学、数量经济学	李平
B523	数学教育学报	学前教育学、普通教育学	王梓坤
W022	数字图书馆论坛	图书馆学、文献学	曾建勋
S656	税务与经济	财政学、金融学、保险学	武振
S290	思想教育研究	政治学综合	陈曦
S291	思想理论教育导刊	学前教育学、普通教育学	阎志坚
S292	思想战线	社会科学综合	王文光
S967	四川大学学报哲学社会科学版	社会科学综合大学学报	项楚
S294	苏州大学学报哲学社会科学版	社会科学综合大学学报	沈海牧
S295	台湾研究	社会学综合	张冠华
S296	台湾研究集刊	社会学综合	张文生
S297	探索	政治学综合	苏伟
S884	体育科学	体育科学	冯连世
S880	体育学刊	体育科学	杨文轩
S885	体育与科学	体育科学	周旭
S886	天津体育学院学报	体育科学	姚家新
S793	统计研究	统计学	潘璠
S293	统计与决策	统计学	李明星
S306	统计与信息论坛	统计学	薛小荣

表 8-1 2021 年中国科技核心期刊目录（社会科学）（续）

CODE	刊名	学科分类	主编
S895	图书馆建设	图书馆学、文献学	高文华
S897	图书馆论坛	图书馆学、文献学	王惠君
S308	图书馆学研究	图书馆学、文献学	赵瑞军
S899	图书情报工作	情报学；图书馆学、文献学	初景利
S900	图书情报知识	情报学；图书馆学、文献学	陈传夫
S901	图书与情报	情报学；图书馆学、文献学	郭向东
S694	外国教育研究	学前教育学、普通教育学	孙启林
S795	外国经济与管理	经济学综合	郑少华
S314	外国文学	外国文学	胡文仲
S315	外国文学评论	外国文学	陈众议
S316	外国文学研究	外国文学	聂珍钊
S317	外国语	外国语言学	束定芳
S318	外国语文-四川外语学院学报	外国语言学	熊沐清
S320	外交评论	国际政治学、外交学	赵进军
S697	外语教学	外国语言学	户思社
S698	外语教学与研究	外国语言学	王克非
S323	外语界	外国语言学	吴友富
S699	外语与外语教学	外国语言学	赵永青
S973	文史哲	社会科学综合	王学典
S811	文物	考古学	张昌倬
A906	文物保护与考古科学	考古学	杨志刚
S327	文学评论	中国文学	陆建德
S328	文学遗产	中国文学	刘跃进
S329	文艺理论研究	艺术学	谭帆；方克强
S330	文艺理论与批评	艺术学	陈飞龙
S331	文艺评论	艺术学	韦健玮
S332	文艺研究	中国文学	方宁
S333	文艺争鸣	艺术学	王双龙
S334	武汉大学学报哲学社会科学版	社会科学综合大学学报	汪信砚
S887	武汉体育学院学报	体育科学	孙义良
C509	物理与工程	高等教育学	顾牡；王青
S336	西安交通大学学报社会科学版	社会科学综合大学学报	贾箭鸣
S881	西安体育学院学报	体育科学	周里
S576	西安外国语大学学报	外国语言学	郝瑜
S975	西北大学学报哲学社会科学版	社会科学综合大学学报	刘炜评
S150	西北农林科技大学学报社会科学版	社会科学综合大学学报	张光强
S340	西南大学学报社会科学版	社会科学综合大学学报	靳玉乐
S341	西南民族大学学报人文社科版	社会科学综合大学学报	赵心愚
S342	戏剧-中央戏剧学院学报	艺术学	廖向红
S978	厦门大学学报哲学社会科学版	社会科学综合大学学报	陈嘉明
S343	现代财经-天津财经大学学报	经济大学学报	蔡双立
S906	现代传播	新闻学与传播学	胡智锋
S630	现代法学	法学综合	许明月

表 8-1　2021 年中国科技核心期刊目录（社会科学）（续）

CODE	刊名	学科分类	主编
S309	现代情报	情报学	张丽娟
S346	湘潭大学学报哲学社会科学版	社会科学综合大学学报	章育良
S836	消费经济	工商业经济学	尹世杰
S348	小说评论	中国文学	王春林
S700	心理发展与教育	教育学综合	林崇德
S349	新疆师范大学学报哲学社会科学版	社会科学师范大学学报	李建军
S350	新视野	政治学综合	高寿仙
S351	新文学史料	中国文学	郭娟
S907	新闻大学	新闻学与传播学	黄芝晓
S909	新闻与传播研究	新闻学与传播学	唐绪军
S582	刑事技术	部门法学、刑事侦查学、司法鉴定学	刘耀
S201	行政论坛	行政学	温美荣
S354	学海	哲学	胡传胜
S703	学前教育研究	学前教育学、普通教育学	冯晓霞
S981	学术研究	社会科学综合	叶金宝
S982	学术月刊	社会科学综合	金福林
S704	学位与研究生教育	高等教育学	匡镜明
S361	学习论坛	政治学综合	尹书博
S983	学习与探索	社会科学综合	张磊
S363	学校党建与思想教育	政治学综合	谢成宇
S799	亚太经济	经济学综合	郑有国
G865	医学信息学杂志	情报学	钱庆
G308	医学与哲学	哲学	胡大一; 赵明杰
S366	艺术百家	艺术学	晁岱健
S367	音乐研究	艺术学	于润洋; 莫蕴慧
S368	语言教学与研究	语言学综合	曹志耘
S369	语言文字应用	语言学综合	张世平
S370	语言研究	语言学综合	黄树先
S822	预测	国民经济学、管理经济学、数量经济学	杨善林
S372	云南财经大学学报	经济大学学报	叶文辉
S374	云南民族大学学报哲学社会科学版	社会科学综合大学学报	张桥贵
S922	哲学动态	哲学	余涌
S923	哲学研究	哲学	谢地坤
S986	浙江大学学报人文社会科学版	社会科学综合大学学报	罗卫东
S987	浙江社会科学	社会科学综合	俞伯灵
G352	证据科学	部门法学、刑事侦查学、司法鉴定学	张保生
S659	证券市场导报	财政学、金融学、保险学	宋丽萍
S619	政法论坛	法学综合	王人博
S382	政治学研究	政治学综合	王一程
S383	政治与法律	法学综合	徐澜波
S384	职教论坛	成人教育学、职业技术教育学	肖称萍
S386	中共党史研究	政治学综合	任贵祥
S390	中共浙江省委党校学报	政治大学学报	徐明华

表 8-1　2021 年中国科技核心期刊目录（社会科学）（续）

CODE	刊名	学科分类	主编
S193	中共中央党校（国家行政学院）学报	政治大学学报	马宝成
S392	中国比较文学	中国文学	谢天振
S393	中国边疆史地研究	考古学	李大龙
S304	中国大学教学	高等教育学	韩筠
S396	中国党政干部论坛	政治学综合	包驰
S397	中国地方志	历史学	邱新立
S398	中国地质大学学报社会科学版	社会科学综合大学学报	刘传红
S633	中国法学	法学综合	陈桂明
S400	中国翻译	语言学综合	黄友义
S401	中国改革	国民经济学、管理经济学、数量经济学	王烁
S664	中国高教研究	高等教育学	王小梅
S800	中国工业经济	工商业经济学	金碚
S404	中国海商法研究	部门法学、刑事侦查学、司法鉴定学	司玉琢
S823	中国科技翻译	语言学综合	曹京华; 邱举良
A583	中国科技期刊研究	新闻学与传播学	言静霞
S133	中国科技资源导刊	经济学综合	袁伟
S410	中国劳动	人口学、劳动科学	莫荣
S618	中国历史地理论丛	历史学	侯甬坚
S838	中国流通经济	工商业经济学	陈建中
S414	中国穆斯林	宗教学	马忠杰
S803	中国农村观察	社会学综合	魏后凯
S804	中国农村经济	生态农业经济学	李周
H221	中国农业资源与区划	生态农业经济学	唐华俊
S417	中国青年社会科学	社会科学综合	周晓燕
S416	中国青年研究	社会科学综合	徐文新
S874	中国人口科学	人口学、劳动科学	蔡昉
S419	中国人力资源开发	人口学、劳动科学	刘福垣
S990	中国人民大学学报	社会科学综合大学学报	段忠桥
S875	中国社会科学	社会科学综合	方军
S587	中国司法鉴定	部门法学、刑事侦查学、司法鉴定学	沈敏
S714	中国特殊教育	教育学综合	陈云英
S888	中国体育科技	体育科学	冯连世
S902	中国图书馆学报	图书馆学、文献学	饶权
S426	中国文化研究	民族学与文化学	韩经太
S427	中国现代文学研究丛刊	中国文学	吴义勤; 温儒敏
S428	中国刑事法杂志	部门法学、刑事侦查学、司法鉴定学	王守安
S405	中国行政管理	行政学	鲍静
G911	中国医学伦理学	社会学综合	王明旭
S429	中国音乐	艺术学	赵塔里木
S430	中国音乐学	艺术学	田青
S715	中国语文	语言学综合	沈家煊
G131	中国运动医学杂志	体育科学	谢敏豪
S432	中国职业技术教育	成人教育学、职业技术教育学	赵伟

表 8-1　2021 年中国科技核心期刊目录（社会科学）（续）

CODE	刊名	学科分类	主编
S807	中国资产评估	国民经济学、管理经济学、数量经济学	刘萍
S434	中国宗教	宗教学	胡绍皆
S435	中华文化论坛	民族学与文化学	李明泉
S992	中南财经政法大学学报	经济大学学报	杨灿明
S993	中南民族大学学报人文社会科学版	社会科学综合大学学报	雷振扬
S994	中山大学学报社会科学版	社会科学综合大学学报	吴承学
S634	中外法学	法学综合	梁根林
S440	中央财经大学学报	经济大学学报	王广谦
S441	中央音乐学院学报	艺术学	俞峰
S996	中州学刊	社会科学综合	喻新安
S444	装饰	艺术学	方晓风
S728	资源开发与市场	生态农业经济学	卢永记
S446	资源与产业	生态农业经济学	雷涯邻
S926	自然辩证法研究	哲学	殷瑞钰
S448	宗教学研究	宗教学	卿希泰

9 期刊变更情况

表 9-1 社会科学领域期刊名称变更情况

CODE	2022 年版刊名	2021 年版刊名
S695	比较教育学报	外国中小学教育

10　新入选社会科学领域中国科技核心期刊

表10-1　2022年新入选社会科学领域中国科技核心期刊（中国科技论文统计源期刊）

CODE	刊名	CODE	刊名
S597	党政研究	S588	现代电影技术
A223	科普研究	Q468	智库理论与实践
Q438	农业图书情报学报	J076	中国发明与专利